名师对对碰

小学语文名师同课异构课例赏析

朱文君　陈林◎主编

济南出版社

图书在版编目（CIP）数据

名师对对碰：小学语文名师同课异构课例赏析/朱文君，
陈林主编．—济南：济南出版社，2016.5
ISBN 978 - 7 - 5488 - 2159 - 5

Ⅰ．①名…　Ⅱ．①朱…　②陈…　Ⅲ．①小学语文课—
教学研究　Ⅳ．①G623.202

中国版本图书馆 CIP 数据核字（2016）第 122596 号

出 版 人　崔　刚
策　　划　胡瑞成
责任编辑　贾英敏
封面设计　张　倩
版式设计　焦萍萍

出版发行　济南出版社
地　　址　济南市二环南路 1 号（250002）
网　　址　www.jnpub.com
发行热线　0531 - 86922073　67817923
印　　刷　山东省东营市新华印刷厂
版　　次　2017 年 1 月第 1 版
印　　次　2017 年 1 月第 1 次印刷
成品尺寸　170 毫米 × 240 毫米　16 开
印　　张　13.5
字　　数　200 千
印　　数　1—5000 册
定　　价　39.00 元

（济南版图书，如有印装质量问题，可随时调换。联系电话：0531 - 86131736）

同课同构·同课异构·异课同构

（代序）

著名语文特级教师　张祖庆

　　"同课异构" 这一教研模式，满足了人类普遍的"爱看热闹"的心理。那场面，犹如一群看客围观两三个人"吵架"，恨不得他们大打出手。不管谁输谁赢，有热闹看，就行。因此，不少教研观摩活动，都是把名师新秀"同课异构"当作看点。

　　多年前，我也曾作为新秀，和特级教师"同课异构"过；后来，我也曾多次和新秀"同课异构"过。这样的教研，确实蛮有意思。同一课书，不同的老师，将其演绎得完全不同。这一模式，至今依然风行，且一直作为教研活动的亮点，受人瞩目。可以预见，"同课异构"，必将长期存在。

　　需要指出的是，"同课异构"不要仅仅作为"看点"，而要通过"看点"去"看见"。看见文本解读的异同，看见目标制定的异同，看见课堂实施的异同，看见课堂理答的异同，看见教学智慧的异同。然后，求同存异，深入思考教学内容的选择，教学目标的制定，教学板块的推进……唯有深入思考，才能从"同课异构"中获得足够多的启迪。

　　否则，只是看热闹罢了，热闹过后，啥都没了。

　　在"同课异构"备受关注的同时，我们一直忽略了很重要的研究方式，那就是**"同课同构"**。说得简单一点，就是同一篇课文，用同样的教学设计，由不同的老师在不同的班级演绎。课文是相同的，教学设计是相同的，但，教学效果常常大相径庭。这里边的东西，更值得深入研究。

同样的教案，呈现不同的教学效果，是什么原因？是教师个人底蕴差异，还是学生基础不同？是临场调控出现问题，还是学习氛围不对？是教师个人风格和教学设计不匹配，还是学生集体学习风格与教学设计不吻合？是关键性的环节没处理好，还是课堂预热没处理好？……课后，还可以借助录像，把两个片段截取出来，反复回放，两两对比，分析原因，寻找对策，进而总结规律性的东西。

这样的"同课同构"，还适合于年轻教师"克隆"名师课堂。模仿，是学习本领极为重要的途径，任何人概莫能外。年轻教师在起步阶段，反复观看名师录像或阅读课堂实录，然后，借助名师的设计，到自己的班级里试着上上看。这种"试着上上看"，在教学技术提升上，作用是很大的。为什么这么说？打个比方，就好比看球赛，只是在观众席上看球，你充其量不过是个好观众，只有真正上场踢球，你才有可能成为好球员。名师课堂，只有重新还原到课堂上，才能真正领悟其精妙之处。

年轻教师，可以选定自己的偶像（这个偶像，要慎重选择，一定要选择和自己气质相仿的，否则，你只能东施效颦），与之"同课同构"——把他（她）不同时期的课都找出来，一节一节地模仿，模仿到别人都觉得以假乱真了，就不要再继续。这时，你可以试着摆脱他（她），开始创造属于自己的风格。

"同课同构""同课异构"，各有不同价值。前者，侧重研究教学实施的智慧；后者，侧重研究教学设计的智慧。其实，还有一种研究的方式，也非常值得推崇，那就是**"异课同构"**——这里的"构"有了"建构"之意。

"异课同构"又可以分成三类。

一是，围绕着同一位名师的不同的课，研究他的课堂共性。比如，我们可以研究支玉恒、薛法根老师不同时期的阅读课，从中探究他的教学设计艺术，有哪些规律性的东西；还可以研究他的课堂理答智慧、练笔设计技巧、朗读指导技术等。这样的"异课同构"，围绕着同一位名师进行，把他读深读透，你就能初步把握他的教学思想精髓和教学艺术本质。

二是，研究同一体裁（或类型）的不同的课，从中把握这一类课的教学规律。比如，我们研究小说怎么教，可以找出小学语文课本中的经典小说。《金钱的魔力》《草船借箭》《王熙凤初见林黛玉》《临死前的严监生》《凡卡》《小音乐家杨科》……通过这一系列课例的研究，发现小说教学的规律，甚至可以细分为中国古典小学、现当代小说、西方翻译小说、小小说。以此类推，散文、非连续性文本、诗歌，一类一类地研究，教学智慧一定会慢慢增长。这，也是"异课同构"。

三是，研究同一篇课文不同名师的精彩演绎，从名师"对对碰"（甚至"多对碰"）的课堂中，寻找语文之道。这样的课例，太多太多了，多得难以枚举。《丰碑》《再见了，亲人》有支玉恒、贺诚版本，《长相思》有于永正、王崧舟版本，《祖父的园子》有于永正、窦桂梅、薛法根、虞大明、蒋军晶、武凤霞、闫学、陈金才版本，《曼谷的小象》有支玉恒、杨明明版本，《圆明园的毁灭》有于永正、王崧舟、窦桂梅版本，《二泉印月》有薛法根、孙双金、王崧舟版本，《水》有薛法根、管建刚、魏星版本，《林冲棒打洪教头》有于永正、窦桂梅、张康桥版本，《去年的树》有王崧舟、周益民、蒋军晶版本，《伯牙绝弦》有闫学、罗才军版本……有时候，我也会不揣浅陋，把自己的课和他们的进行比较研究。如《狼牙山五壮士》《祖父的园子》《金钱的魔力》《和时间赛跑》《穷人》等课，都有不同老师演绎过，我也试着和他们"对对碰"。虽然我无法企及别人的高度，但，探索的喜悦，无法言表。

这样的研究，把课置于更宏阔的背景下，在充分、反复的比较中，思考、辨析、提炼，往往能发现很多有意思的东西。这样的"异课同构"，特别有意思。

"同课同构""同课异构""异课同构"，这三种研究方式，既可以交叉运用，也可以阶段性实施。个人以为，年轻教师，起步阶段，更多适合"同课同构"，在反复模仿中学步；骨干教师，更多适合"同课异构"，在与别人的对比研究中，增长教学智慧；迈向卓越的教师，则可以多一些"异课同构"，在系统研究中，改造心智模式，形成独特风格。

目 录

小学语文名师同课异构课例赏析

教 学 方 法

教学技巧

一、对同一个内容，我的理解更深刻

很多的语文名师课堂，其实都在展示对文本与常人不一样的理解，或者更加深刻的理解。要做语文名师，你可以通过深刻地理解文本这一途径达成。《去年的树》这篇课文，通常情况下，老师们都会注意到两个"看"字，一般都会直接提问："为什么'看了一会儿'要连续出现两次呢？"在孩子们回答的基础上，再进行总结，让孩子们体会到"恋恋不舍"，目标就算完成了。实际上，老师即使不这样提问，孩子们也会感悟到这一层意思。语文名师的高明之处就在于他事先有一个自己"独特的解读"，然后一步步引导孩子们跟自己达成共识。我们可以看看下文中的"名师对对碰"。王崧舟的诗意语文很多时候都是通过更加深刻地理解文本引起孩子和听课老师的心灵震颤的。在这篇文本中，王崧舟对"看"的解读是一种有意味的"浅近"，盛新凤对"看"的解读是一种带着伤感的诚信，周益民却解读出了两双眼睛。纵观所有语文名师的课堂，他们"控制"学生和听课老师的有力武器，几乎都是基于自我对文本的深刻解读。

名师对对碰及一线教师品析 1

就这样静静地看
——王崧舟、盛新凤、周益民执教《去年的树》片断赏析

《去年的树》全文语言朴实无华，含着一种深挚透明的美。读罢此文，鸟儿对树的那种浓浓的深情便跃入脑间，挥之不去，尤其是对结尾的鸟儿两个"看"的细节描写，更让读者为之动情。尽管文章的空白点很多，可供设计的

思路很广，但三位名师在处理这个细节时，都没有轻描淡写，而是紧扣"看"字做文章，写出了不同的精彩。

王崧舟："看"往昔 写心语 悟写法

师：故事有一个浅近的开头，又接着浅近地讲述。结尾是否还会浅近呢？我们来看一看。

（出示：鸟儿睁大眼睛，盯着灯火看了一会儿。接着，她就唱起去年唱过的歌给灯火听。唱完了歌，鸟儿又对着灯火看了一会儿，就飞走了。）

师：孩子们，读完这个故事的结尾，你可能会留心这样一个细节：在鸟儿唱歌之前和唱歌之后，她有一个几乎完全一样的动作。这个细节就是——

生：看。

师：没错，就是看。轻轻地读——

生（轻轻齐读）：看。

师：谁都知道，鸟儿为了这一刻历尽了千辛万苦，经历了那么长时间的等待，现在却只能"看"。静静地看，默默地看，就这样看着看着，她的眼前仿佛又一次出现了过去的画面。（多媒体再次播放鸟儿给树唱歌的温馨画面。）

师：她想起来了，当太阳露出笑脸的时候——

生1：鸟儿站在树枝上，给树唱歌。树呢，听着鸟儿唱。

师：她想起来了，当月亮挂上树梢的时候——

（生2读。）

……

师：可是这一切再也回不来了，树再也回不来了，火柴也已经用完了，只有火柴点燃的火，还在灯里亮着。看着眼前的灯火，鸟儿一定有心里话想对朋友说。请用"树啊树"开头。

（配乐，生写话。）

（生朗读"鸟儿的心里话"，师根据学生的朗读，板书：自责、挚爱、祝愿。）

师：孩子们，你们写得多么感人又多么真切！面对灯火，面对去年的树，鸟儿的内心有那么多的话，让我们再一次强烈地感受到了鸟儿和大树之间的那份感情是如此——

生：深厚。

（师板书：深厚。）

师：在故事中，鸟儿有没有说自责的话？有没有说挚爱的话？有没有说祝愿的话？有没有说告别的话？（边说边擦掉相应的板书）如此深厚的感情，在我们这个故事当中却不见一个字，不见一句话。出现在我们眼前的只有这样一个浅近的动作——看，这样的结尾也叫"浅近"。

在教学这个片断时，王老师抓住"看"字，引导学生思考：鸟儿在看时想起了什么？然后，创设情境引领学生反复诵读第一段，回忆昔日鸟儿和树的深厚情感。有了这情感的酝酿，王老师让学生写写鸟儿内心的真情告白，使得学生积蓄的情感有了宣泄的渠道。就在学生深情朗读"鸟儿心里话"之后，王老师却再次指向文本发问："在故事中，鸟儿有没有说自责的话？有没有说挚爱的话？有没有说祝愿的话？有没有说告别的话？"在学生和听课老师回过神来沉思时，王老师不忘点拨：这样的写法叫"浅近"。王老师先添后删、先扬后抑的教学设计具有强烈的落差，产生了巨大的张力，让学生在荡气回肠中充分体会到文章浅近的语言特色和简约的表达方式。

盛新凤："看"为何　巧换位　诉心语

师：村子里，油灯旁，一对好朋友又见面了。让我们一起读最后三段。

师：读着读着，你们有什么问题吗？

生：我想问一下，鸟儿为什么要两次盯着灯火看了一会儿？

师：很好！你品出什么来了？

生：灯火是火柴点燃的，火柴是大树做成的。鸟儿可能把灯火看作大树的孩子，她想看看大树的孩子是怎么样的。

生：因为她对大树的友情很深，而现在大树的生命快要到尽头了，所以看了一会儿。

师：一年过去，往日的朋友已变成今天的灯火。小鸟怎能不伤心？她看了一会儿，是在用目光和大树交流感情呢。还有谁要说？

生：她第一眼看灯火，可能不相信灯火是大树；第二眼看灯火，她觉得这个灯火就是大树。

师：对呀，她简直不能相信，这就是她那么熟悉的朋友——大树。所以，她睁大眼睛，盯着灯火看了一会儿。当她认出来的时候，她就唱起了去年唱过的歌。后来为什么又看了一会儿？

……

生：因为一旦火柴点燃的火熄灭了，就证明大树的生命结束了。她想在和最好的朋友离别之前，再看她一眼。

师：你说得真好！这两个"看"之中，包含了小鸟多少的深情和留恋呀！经过刚才尽情的交流对话，你们真正地体会到了小鸟的这种深情。这一回，你们就是小鸟了，历尽了千辛万苦终于找到了你日思夜想的好朋友大树。此时此刻，我们一起读——（我睁大眼睛……）

师：盛老师的情感随着你们的朗读而波动。能再读一次吗？（生再读）

师：亲爱的小鸟，你看到朋友了，你盯着灯火看了一会儿，你想说什么？你要走了，但你又对着灯火看了一会儿，你还想说什么？

生：我想说，大树，永别了。我要走了，我现在已经为你唱了歌，已经赴了约定。以后我还会寻找其他火柴的踪迹，再为你唱歌。

生：对不起，大树，我来晚了一步。要不然，我还能看到你生前的身影。现在我要走了，请你以后多保重啊！

……

师：同学们，你们都是守信多情的人。小鸟飞走了，带着淡淡的伤感，但她给大树留下了歌声，留下了友情，留下了我们世间最最宝贵的诚信。

盛老师在处理这个环节时，采取了对话式教学，先大胆放手，让学生自主提问，围绕"为什么要看两次"对话交流。"读着读着，你们有什么问题吗？""很好！你品出什么来了？""你说得真好！"这些鼓励性语言，让学生心灵放松，思维活跃，妙语连珠。盛老师则"隐身"在学生身后，在生与生之间碰撞与激发中，负责"穿针引线"。学生充分感悟后，盛老师适时让学生换位体验："你就是那只鸟儿，我们来读读这段话。""见到日夜思念的大树，亲爱的小鸟，你有什么话想对大树说？"学生与角色同步共振，达到了文中有我、我中有文、人鸟共体的境界，理解文本内容，体会人物情感自然水到渠成。

周益民："看"眼神　写对话　悟主旨

师：请同学们轻轻地闭上眼睛。鸟儿盯着灯火看了一会儿，唱完了歌，就飞走了。可是在那不远处，她又悄悄地转过了头。这时你又看到一双怎样的眼睛？

生：她眼神中闪着恋恋不舍的情感。

生：我看到她的眼里出现了一棵高大的树，她开心地笑了。

师：是的，树在她的眼中，在她的心里。

生：我看到她的眼中不再有绝望了，树在对她微笑，说等冬天过去，还要听她唱歌。

生：小鸟的眼睛里充满幸福，她终于看到了树，已经心满意足了。

（朗读最后三节。）

师：歌曲还是去年的歌曲，旋律还是去年的旋律，但是什么已经不一样了？

生：去年唱歌是快乐的，今年是悲伤的。

生：去年他们在一起唱歌玩耍，今年只有鸟儿自己了。

师：但是，不管怎么样，有一样东西没变，而且永远也不会变！

生：友谊。

生：感情。

师：对，有人说这就叫"永恒"，这就叫"天长地久"。我们再来朗读文中的对话。

（学生、教师分角色朗读。）

师：在文章的字里行间其实还闪烁着一双眼睛，还有一道目光，你们发现了吗？默读，体会。

生：我发现了，那是树的眼睛。目光是快乐的，因为鸟儿来看他了。

生：那是幸福的目光，因为他又听到鸟儿唱歌了，而且是在生命的最后一刻，死而无憾。

……

师：这双眼睛鸟儿一定感受到了，这双眼睛永远印在她的心里。这时候，他们用眼神在诉说什么呢？请同桌两人一起为鸟儿和树设计两句简短的心灵对话。

（同桌讨论设计。）

对话举例：

树：鸟儿，我真幸福，你历尽艰辛找到我，我死而无憾。

鸟：我们的友谊是天长地久的，谁也不能割舍我们之间的感情。我会一直唱这首歌给你听的。

师：也许，他们就是在这么深情地交谈，也有可能，他们什么也没说，只是这么你看着我，我看着你。这就足够了。

周老师围绕"眼睛"这一心灵之窗，巧妙设计，层层突破。先设问：你看到鸟儿一双怎样的眼睛？在学生读懂了小鸟幸福、不舍的眼神后，及时点拨：在文章的字里行间还闪烁着一双眼睛。这一点醒让学生发现文本后"大树"的眼睛，在"大树"的眼睛里，同学们读出了幸福和温暖。这时，周老师不忘"推波助澜"：他们在用眼神诉说什么呢？请为鸟儿和树设计心灵对话。一切设计围绕"眼神"展开，一气呵成，层层深入，引导学生不断走近角色，体验情思，获得感动，悟出主旨。

（作者：江西省金溪县教研室　周志平　金溪县仰山学校　黎建红）

名师对对碰及一线教师品析 2

一样的　"掌声"，　异彩的传达
——听贾志敏、薄俊生执教《掌声》有感

《掌声》是苏教版三年级上册的一篇课文，文中讲了一个小女孩小英从自卑、忧郁变得乐观向上的故事，体现了"掌声"对一个身处困境的人所起的不同寻常的作用。对于"掌声"的理解，贾志敏和薄俊生两位名师有不同的

思考。

贾志敏老师这样教

师：请同学们再读课题，想一想掌声有几次。

生：两次。

师：你说两次，我说一次。请找出理由，你从课文的哪些地方看出来的？

生：第一次是"骤然间响起了一阵掌声"，第二次是"班里又响起了经久不息的掌声"。

师：我说是一次掌声。大家看第六小节——"我永远也忘不了那一次掌声"，这不是一次掌声吗？

生：那两次是一回发生的。

师：对了，第六小节的"一次"是指那一回。第四小节中的两次掌声含义一样吗？

生：不一样。

师：请你说具体一点。

生：第一次是给她自信的掌声。

生：她很勇敢，同学们给她鼓励。

师：对，那第二次呢？

生：第二次是因为她讲得很好，同学们表扬的掌声。

生：是夸奖她。

师：现在黑板上有一些词语，把它们连起来就是一段话，说说看。

生：自卑的小英身处困境，通过同学们给她不同的掌声，鼓励她，赞扬她，她变成了自信的小英。

生：自卑的小英身处困境。小英经过一次鼓励、一次夸奖，变成了自信的小英。

生：我小时候，我们班上有一位叫小英的同学，因为小时候生病，腿落下残疾，她陷入了困境，她很自卑。一天上演讲课，老师让同学们轮流上去讲故事。老师不了解情况，把小英请了上去。在同学们鼓励的掌声里，小英勇敢地讲完了故事，同学们再次给了她表扬的掌声。她从此像变了一个人。

师：真好！再一起读读课题。

（生齐读"掌声"。）

师（看板书说）：我小时候，班里有个叫小英的同学，因为生病，腿落下了残疾，她很自卑。一次演讲课上，老师让她上台讲故事。她一摇一摆地走上台，同学们报以热烈的掌声。她讲得很好，演讲结束后，班里又响起经久不息的掌声。小英从此变得快乐、自信、自强。

说到掌声，我怎么也忘不了电视屏幕上的那次掌声。5 月 12 日，汶川地震，房屋倒塌，人员伤亡。整整五天过去了，一百多个小时啊！人们觉得没有生还的希望了。突然，消防员叔叔用生命探测仪探测到一个幼儿园废墟下有生命迹象。于是，他们用手扒呀扒，搬呀搬，扛呀扛，整整工作了六个小时，发现废墟下有一个五岁的小男孩。当他们正准备拉出小男孩时，又一次余震发生了。余震过后又经过了六个小时的艰难营救，小男孩终于得救了。被救后，他睁开眼睛说的第一句话是："谢谢叔叔！"现场响起了热烈的掌声。这掌声有几种含义？

生：鼓励他要勇敢。

师：对，是鼓励的掌声。

生：赞扬他乐观地对待生活。

师：好，是赞美的掌声。

生：人们都很感动。

师：是感动的掌声。

生：表达了对消防人员的敬佩。

师：是敬佩的掌声。

师：是啊，人人都需要掌声，特别是当一个人身处困境的时候。让我们珍惜别人的掌声，同时，也不要忘记把自己的掌声献给别人！

薄俊生老师这样教

师：小英从一个自卑的孩子变成了一个什么样的孩子？

生：一个自信的孩子。

生：一个活跃开朗的孩子。

生：一个勇敢的孩子。

师：我把这几个词语写下来。（板书：活跃 自信 开朗）

师：老师从一份材料上看到小英同学后来的学习成绩一直都很好。上中学的时候代表学校参加全国物理竞赛得了奖。她后来还被北京的一所大学破格录取。

生：啊！

师：所以这掌声对小英来说——一起读课文的第六段。

（生齐读。）

师：是呀！同学的掌声，演讲课上的那两次掌声，送给小英的是尊重、鼓励、赞美，是同学之间的关爱。有了同学们的尊重、鼓励、赞美和关爱，小英才有了生活和学习的勇气，才会发生这样大的变化。在我们习以为常的掌声中包含着美好的感情，产生了这样重要的作用。所以，同学们，我们应该怎样对待别人的掌声呢？

生：我们要珍惜别人的掌声。

师：我们要珍惜别人的掌声，可以从别人的掌声中吸取前进的信心和力量，鼓起生活的勇气。那别人是不是也需要呢？所以对大家来说——读课文最后一段。

（生齐读最后一段。）

师：同学们，让我们把这感人的哲理铭记在心。我们将最后一段记在心里。背背看。

（生背最后一段。）

师：记住了吗？

生：记住了。

师：让我们大家一起站起来，说出我们大家共同的心声。

（生齐背。）

师：听了大家的朗读，老师想起了一首歌。这首歌的歌名叫作《爱的奉献》。

（歌曲响起。）

师：同学们有没有想过，我们除了可以用掌声把自己的关爱送给别人，还可以用什么把关爱送给别人？

　　生：我们还可以用歌曲把自己的关爱送给别人。

　　生：用礼物把自己的关爱送给别人。

　　生：用拥抱把自己的关爱送给别人。

　　生：可以用鲜花把自己的关爱送给别人。

　　生：可以用笑脸把自己的关爱送给别人。

　　生：我们可以用语言把自己的关爱送给别人。

　　师：还有很多很多方式，对不对呀？我们可以用语言把自己的关爱送给别人。为受堵的人说一句解围的话，为疑惑的人说一句提醒的话，为自卑的人说一句鼓励的话，为痛苦的人说一句安慰的话。这每一句话献出的都是我们一股浓浓的情，一份深深的爱。我们可以用行动把自己的关爱送给别人，我们可以为希望工程捐一份款，为老弱病残让一次座，为爷爷奶奶做一次家务，为班上同学辅导一次功课。让我们牢记人人都需要爱，特别是一个人身处困境的时候。让我们珍惜别人的爱的同时，也不忘记把自己的爱献给别人。只要人人都献出一点爱，这世界将变成美好的人间。

　　对于三年级的孩子来说，"掌声"不是一个陌生的词汇，但是通过这个故事，让孩子们真正了解掌声，发现掌声的神奇力量，从而学会使用掌声，应该是这个故事的教学价值所在。

（一）连接生活的掌声 VS 促发情感的掌声

　　语文的外延等于生活的外延，而来自生活的感受是最鲜活的，最能引发共鸣的。小英获得的那次掌声毕竟是书本上的故事，而贾志敏老师将书本上的掌声连线生活，引入了汶川地震中那个五岁小男孩被营救时，现场人们的掌声。刚刚发生不久的真实事件对学生的震撼是巨大的，对掌声的理解也是来自一个个幼小心灵的不同角落，是真实可感的。

　　语文课程对学生情感的熏陶作用是其他课程不可替代的。薄俊生老师引入了一首堪称经典的歌曲《爱的奉献》，使学生对掌声的理解得到升华。"这是心的呼唤，这是爱的奉献，这是人间的春风，这是生命的源泉……"这首歌是在学生理解愤悱处的点拨，它使掌声从思维走向情感。而情感的力量是能触发学生心灵的，是能指引学生行动的。

（二）关注内涵的掌声 VS 拓展外延的掌声

在贾志敏老师的课上，掌声是一种意象，是鼓励、肯定、尊重的象征。掌声中小英由忧郁变得开朗；掌声中，五岁的小男孩获得了第二次生命，施救人员的劳动获得了人们发自内心的肯定。这样由文本连接到生活后，掌声不再是一种司空见惯的符号，而是一种无言的爱。这种爱看似简单，但直扣人心，对学生人生观、价值观的形成有着潜移默化的导向作用。

在薄俊生老师的课上，"掌声"被质朴地演绎为"关爱"，符合三年级学生的年龄特点，同时也是这节课的核心价值取向。通过这个故事的学习，让孩子们懂得要更加珍惜别人的帮助，也要真诚地去关爱别人。而对于关爱，"掌声"不过是其中的一种形式，还有语言的安慰，行动的支持，微笑的鼓励等，使掌声的含义外延化，贴近儿童生活。

（三）言语实践中的掌声 VS 言语积累中的掌声

"语文课程应致力于培养学生语言文字的运用能力"。在这个故事中，如何在懂得道理的同时提升语言文字的运用能力呢？贾志敏老师在这节课上说得最多的是"读书要像说话一样"。他也在积极地践行这一教学主张。课文朗读，一字一句，从指导到示范，学生不断地感受着语言的魅力。不仅如此，课文疏通之后，贾老师让学生利用提供的词语复述故事梗概，将文中的词语进行内化和表达，同时理解了掌声使人物发生变化的原因。

薄俊生老师重视的是"言语的积累"。课文最后一段话是全文的中心句，也是这个故事向学生阐述的道理。在品读课文之后，薄老师让学生背诵这段话，积累语言，同时，通过语言的游戏让学生感受到，珍惜掌声和奉献掌声是生活中必不可少的。

当然，实践与积累，看似两件事，其实也是一件事，在实践中积累，在积累中实践。不同的指向投射的是两位名师不同的教学思想。

（作者：江苏省宝应县实验小学集团泰山小学　郝玉梅）

二、同一个文本，我可以换一个角度解读 ▮

接受阐释学这样认为：当文本被创造出来之后，就具有一定的独立性和自主的生命性，它将离开它的作者，成为历史中的一个客观的事物。此时，任何一个读者都可以从自己的角度对它进行解读，只要最终能达成理解。普通的语文老师无论什么样的文本，一般都从字、词、句、篇进行常规性解读。大家都这样，那就无法激起听课老师的兴趣；同时，在我们的常态课堂中，这种千篇一律的解读，孩子们早就出现了"审美疲劳"，公开课虽然换了花样，但还是无法激起孩子们的兴趣。所以，你得经常尝试换一种解读方式。比如下面的案例，一般老师会从"周总理是一个怎样的人"这个方向进行解读。然而，朱老师却在开头让大家理解"有的人活着，可是他已经死了；有的人死了，可他还活着"，孩子的思维广度立即被拉大；蒋老师则聚焦第四自然段，精心"烹饪"每一个句子，孩子的思维一下子转入精微。朱老师让孩子用自己的教科书与周总理批阅的文件比较，让孩子们的思维触角走向现实；蒋老师则让孩子发现总理批阅自己撰写报告时的细微，让孩子的理解深入总理内心。朱老师通过视频沉重地撞击孩子们的心灵，蒋老师则利用总理一天的办公流程，使孩子们的理解趋向深化。

事实上，这些都是名师个人的理解，但只要是大胆的，能自圆其说的，基于对文本普适性理解基础之上的，都值得一试。因为，这会引起孩子和听课的老师对你的课的趣味。

名师对对碰及一线教师品析 1

殊途同归　各显其彰
——朱广久、蒋军晶老师执教《一夜的工作》对比赏析

《一夜的工作》是一篇老课文，十多年前，我上小学六年级时读过。全国第四届青年教师阅读观摩大赛上，安徽省特级教师朱广久老师执教本文，获大赛一等奖（当时没有设特等奖）。时隔多年，浙江名师蒋军晶老师执教本文，荣获浙江省第六届小学语文青年教师课堂教学评比一等奖第一名。对比两位名师的教学实录，朱老师的大气、蒋老师的简约，都给我留下了深刻印象。

（一）不同解读，殊途同归

朱老师的解读，立足全文，最终定位于周总理的人格魅力，具体设计如下。

课始，以臧克家的诗"有的人活着，可是他已经死了；有的人死了，可他还活着"引入新课，在交流自己感动的过程中，感知总理工作的劳苦、生活的简朴，在资源整合中感知总理日常工作的繁忙，感悟总理时刻心系国计民生，为国为民鞠躬尽瘁、死而后已的高贵品格；"劝一劝总理"的说话训练，融工具、人文为一体，水到渠成地表达对总理的爱戴之情；课文最后两段，激情诵读，背诵积累；最后以课始两句诗作结，既照应开头，又是对总理一生的评价，可谓精致、精巧。

蒋老师以总理的一夜工作为窗口，品读总理一生为国为民的高尚情怀。设计上，大胆取舍教学内容，具体设计如下。

初读，整体感知课文内容后，重点引导学生聚焦第四自然段。以"总理批阅文件的每一个动作、每一个细节，你都想到了吗？"为切入点，引导学生聚焦第四自然段审阅一份文件的语句，在读懂、读透之后，通过链接资料，以眼前一夜折射总理一生，最后动笔抒怀，可谓慧眼独具。

"教材无非是例子"。怎样用好例子，两位老师根据自己的解读，从不同角度，取舍教学内容设计教学，可谓殊途同归。

（二）聚焦重点，殊途同归

朱广久：放眼全文，顺学而导

师：接着看，还有哪些地方感动了你？

生："他一句一句地审阅那些稿子……"这就证明总理做什么事都很专心，很仔细，非常细心。

师：从哪里看出细心？

生："一句一句画出小圆圈……"表现出周总理做事相当细心。

师：你能读给大家听吗？

（生读。）

师：读得真流畅！你别坐下，你说周总理批了多厚的文件？

生：一尺来高。

师：你们来比画一下，一尺有多高？

（学生比画。）

师：看看语文书有多高，跟一尺来高比比，有什么想法？

生：太多了。

生：我们的语文书很薄，还要看很长时间，而总理的文件比语文书厚十倍甚至十几倍，可见总理批那么多文件，很辛苦。

师：是啊，我们的总理工作是多么辛苦啊！

蒋军晶：聚焦一处，指向全篇

师：读了这一个段落（第四自然段），我们强烈感受到了总理审阅文件时的那一份认真、仔细、负责以及一丝不苟。总理审阅文件时的每一个细节乃至每一个动作，有没有出乎你们意料的地方？有没有你们所没有想到的？

生：我没有想到总理居然看一句就用铅笔在那句后面画一个小圆圈，他竟然是这样仔细地看这篇文章的。

师：同学们，你们看一看，"一句"这个词在这一句里出现了几次？

师：没想到的是总理一句一句地审阅。同学们，这是蒋老师收集到的总理曾经审阅过的文件（教师手拿文件），我粗粗地数了一下，一共有400多句。同学们，整整400多句啊，总理是怎样审阅的？还有你没有想到的地方吗？请你来。

生："他不是普通的浏览，而是一边看，一边在思索，有时停笔想一想，有时还问我一两句。"总理这么忙，这么累，但是我没想到他批阅每一份文件都是"一边看，一边在思索"。

师：总理审阅文件的时候会问旁边的专家一两句，就是这段话中哪个词的意思？

生：我觉得是这段话中"咨询"的意思。

师：那么"备咨询"又是什么意思呢？从"咨询"与"备咨询"两个细节中，你看到一位怎样的总理？

生：我从"备咨询"这个细节中，看出周总理是一位工作认真负责的总理。（不辞辛劳、虚心求教、谦虚、一丝不苟）

师：同学们，让我们再回到这份报告。请你迅速浏览一下课文的第一段，想想这份报告最初的作者是谁？

生：这篇报告最初的作者是周总理。

师：是周总理自己！当我们联系上文知道了这一情况，再联系"有时停笔想一想，有时问我一两句"，你有什么话想说？

生：我想说，周总理对他自己写的文章还这么认真仔细地阅读，他真是一个一丝不苟的人。

生：我觉得周总理的工作态度是极端认真的。他自己写的稿子，他看到了有错误的地方一定要把它改到最好，精益求精。

朱老师以"哪些地方感动了你"着眼全文，顺学而导，学生从"他一句一句地审阅那些稿子……"读出总理细心、一丝不苟，再驻足勾连上文"一尺来高"，以语文课本为参照，学生真切感知"太多了""总理批那么多文件，很辛苦"。精选一点，轻点巧拨，由文本字面，学生轻松走进文本核心，走到总理身边，真切感知总理工作的劳苦。

蒋老师的课常给人以震撼。以"总理审阅文件时的每一个细节乃至每一个动作，哪些是你们没有想到的地方"切入，以一般人的常态思维关照总理为国为民的不寻常之举，既快又准地引导学生捕捉重点句——"他一句一句地审阅那些稿子……"，再聚焦"一句""咨询"，联系第一自然段，感悟总理审阅文件的认真负责、一丝不苟。

两位老师的教学，虽然切入点不同，但是都精选能触动学生思维的语言点，理解、感悟总理工作的劳苦，要言不烦，可谓殊途同归。

（三）资源整合，殊途同归

蒋老师的资源整合如下：

师：同学们，作者只看到了总理一夜的工作，我们也仅仅读到了总理一夜的工作，我们凭什么说总理每一个夜晚都是这样工作的呢？让我们去看一段总理身边的工作人员所做的总理一天的工作记录。

师：同学们，尽管这是一份简简单单的记录，但是你一定有新的发现，有话想说。

生：从这份文件中我可以看出周总理每天休息的时间很少很少，他第一句写了"下午三时起床"，最后一句写了"下午二时休息"，这中间仅仅隔了一个小时而已。

师：我们可以确定地说这一天他只休息了一个小时。

生：我从这份报告看出周总理从起床到休息这段时间，他都在开会或者接见外宾，他没有一次是在中间休息的。

师：同学们，可能你们并不知道，1974 年我们的总理已经身患绝症，而且病情不断恶化，原本健康的他，这时候体重急剧下降。许许多多的人，都劝他每天多睡两个小时，但是我们的总理却简单地说："我做不到。"

为高效达成目标，两位老师都进行了资料整合。蒋老师的资料整合主要是课后资料袋中的总理一天工作记录单，从记录单上引导学生感受总理工作时间之长，把文中"一夜"的偶然融于日常，由此总理为国为民的忘我工作形象立刻由文字表面跃入学生脑海。

朱老师的课不仅链接课后资料袋的记录单，还剪辑了一段视频，并辅以老师的讲解——"1972 年迎接尼克松，1976 年癌症扩散"，又以"总理身边的许多人都劝过他，毛主席也劝过他，可他的回答只有八个字：可以理解，难以接受"补白。有效地整合资源，成为学生全面解读总理人格魅力的载体，在文本和老师的引领下，学生的视野由课内延伸至课外，学生所获不再是文中的有限信息。周总理的时代与学生生活时代距离较远，他又是伟人，学生比较陌生。通过视频的直观再现，拉近学生与伟人的距离，学生能从中真切感受到总理为国为民的点点滴滴，感受到总理心中时刻装着百姓，总理的形象在学生心中渐渐立体、高大，学生对总理的崇敬、热爱之情也渐渐蓄满胸中。可谓匠心独运！

（安徽省淮南市田家庵区第十五小学　李君琳）

名师对对碰及一线教师品析 2

"定篇" 与 "样本" 视角下的教学价值
—— 管窥陈晓冰、熊开玉与余映潮执教的《田园诗情》

　　文本教学难以绕开课程观的视阈，教师对教材文本的功能界定决定着课堂实际产生的教学内容和方式。如同样是教《田园诗情》一课，南通实验小学陈晓冰和句容实验小学熊开玉两位老师都把这一文本视作文质兼美的"定篇"，而湖北荆州市教科院余映潮老师则把其看成训练读写能力的"样本"。因而，在不同的教材观之下产生了不同的教学价值。

（一）定篇：着眼于揣摩文字所呈现的优美意境

　　陈晓冰的教学理念很明确，那就是——"在田园诗中徜徉"，其整个教学环节很清晰：一是朗读短语，想象美景；二是细读描写动物的语句，体会幸福、自由；三是细读第五、第六自然段，体会安静、祥和。

　　同样，熊开玉老师也是这么解读的——"美丽的田园，诗意的情怀"。教学环节稍作展开：一是创设情境，沐浴田园诗情；二是潜心会文，感受文本意境；三是由文及人，初悟借景抒情；四是指导背诵，积累优美语言。

不难看出，以上两位名师都在极力地教好规定文本，基本按照文本特定的表达顺序，亦步亦趋地引领学生走进文本，潜心会文，品词析句，想象文本所描绘的田园美景，感受异国荷兰的田园诗情。这是当下小学语文教学最常见的教学模式，也是基于写景抒情散文教学所采用的最一般的教学方式——朗读感悟式。鉴于大家都很熟悉这样的教学方法，故不再展开教学实录。

但我们需要思考的是，这种教学模式为什么得到众多小学语文教师的青睐并得以广泛采用？我想肯定有其存在的理由，朗读可以培养学生的语感，感悟可以发展学生的分析理解能力，在这个过程中还能丰富学生的审美想象，陶冶学生的审美情趣。熟读成诵，积累语言，说现实一点还能应对各种考查。

（二）样本：着眼于利用文本训练语言表达能力

有意思的是，就是这样一篇被大家都看作经典文本的课文，中学著名特级教师余映潮老师却完全颠覆了小学教师所认为的"定篇"的价值，完成了一次对文本的大胆改造与创新，淋漓尽致地演绎了新课标提出的"语用"思想。

余映潮老师的教学共分四个环节：一是积累语言，二是运用语言，三是组合语言，四是揣摩方法。

在以上四个教学板块中，只有积累语言是我们小学语文教师通常要教的内容。课堂上，余老师让学生圈画课文中的生字新词，然后进行正音，指导字形的教学。

余下三个板块，都是在训练学生的语言能力。我们不妨先看第二环节——运用语言。

师：我们继续来难一点地学习课文。这个句子可难写了，要把课文内容全部概括起来。你们翻开这册书的第 1 页，把这样一个句子画下来："那奔流不息的江河，那连绵起伏的丘陵，那直插蓝天的雪峰，那辽远广阔的草原……真是江山如画！"我把这个句子改了一下，把省略号改为冒号。同学们看，前面写四个方面的景色，后面来一句赞叹。一起读。

（生齐读这段话。）

师：现在每个人都要仿写这样一个句子——先有四个方面的描写，然后一个冒号，一句赞叹，字数也要一样。其实比较好写，因为课文里面写景物、写动物、写植物的句子太多了。写四分钟。开始。

（生写句子。）

师：好。每个人读一读自己的作品。开始。

生：仪态端庄的牛犊，无比尊严的老牛，辽阔无垠的原野，膘肥体壮的骏马：真是田园风光！

生：悠然自得的绵羊，成千上万的小鸡，膘肥体壮的骏马，辽阔无垠的原野：真是美如仙境！

……

师：老师写的是不是和你们一样？（出示：仪态端庄的牛犊，膘肥体壮的骏马，悠然自得的绵羊，辽阔无垠的草原：好个田园诗情！）

（生齐读。）

师：把"田园诗情"与那位同学的"美如仙境"八个字批注在"牧场之国"的旁边。这篇文章写的就是田园诗情，写的就是美如仙境的牧场之国。

限于篇幅，我用描述法来简单介绍余下两个环节。

第三环节是"组合语言"，余映潮老师继续引导学生从课文中选取内容写话，把"这样的景色真让人着迷"这句话作为中心句展开描写，中心句可放在段首或者段尾。学生写话三分钟之后，进行全班交流。在此不妨呈现两段学生的精彩描写：

"沉睡的牲畜，无声的低地，漆黑的夜晚，远处的几座灯塔在闪烁着微弱的光芒。这样的景色真让人着迷！"

"这样的景色真让人着迷：极目远眺，四周全是丝绒般的碧绿草原和黑白两色的花牛。辽阔无垠的原野似乎归它所有，它们是这个自由王国的主人和公爵。"

接着，余老师很"狡猾"，忽悠学生说，老师也给你们组合了很多精美的段落，我们一起来诗意地读一读。然后逐一出示了课文中关于描写牛、马、绵羊、猪、鸡、山羊以及傍晚时人和景的段落。

第四个环节主要是引领学生揣摩欣赏"反复咏叹"的抒情结构——这就是真正的荷兰。

（三）思辨："定篇"和"样本"在语用价值观下的中和

以上三位老师的课例很有代表性，陈晓冰和熊开玉两位共同演绎了"朗读与感悟"这种长期以来统摄中国小学语文教坛的课堂模式。余映潮老师的教学则站在语用的立场打破了这种格局。正如余老师自己所说，目前阅读教学对高雅语言学用训练的力度不够，大量的课文教学在琐碎的问答中进行，追求一种表面上的热闹，忽视了丰富的积累与有力的训练，特别是非常弱化语言的学习与运用。

或许因为是公开课，执教老师更加注重思想的传递，前者侧重于学习理解文本上规范的语言文字，后者侧重于落实新课标提出的语用理念。两个案例留给我们深入思考的是小学语文教师在教文本的同时，应该进一步增强语言训练的意识，课堂上尽可能地为学生创设各种语言实践的机会，把规范的语言文字进行有效内化和运用，而不是把课堂时间全部耗费在对文本内容的问答式理解上。

就以上两堂课的操作程序，我们可以做出适当的调整。第一教时，我们可以在朗读课文上下功夫，通过朗读把文本所表达的田园诗情用声音传递出来。第二教时，我们可以像余映潮老师那样设计好语言运用、组合等转换训练，高年级还可以适当渗透一些对文章布局谋篇的审美化赏析。

（作者：无锡市硕放实验小学　毕小伟　杨　诺）

名师对对碰及一线教师品析 3

和而不同，　各美其美
——罗才军、蒋军晶执教《临死前的严监生》对比赏析

《临死前的严监生》是一篇刻画人物的经典短文。来自浙江的两位新生代名师蒋军晶和罗才军老师都执教过这一课，却带给我们完全不同的感受。如

果说罗老师的课堂是精致、细腻，那么蒋老师的课堂却是粗犷、洒脱，显示出了两种完全不同的风貌。这种不同的风貌不仅是教学设计、教学语言、即时的课堂氛围等外显因素所给予我们的印象，更是支撑执教老师课堂实践的思想所给予的，体现出了两位名师对小学语文教学多元化的理解，真可谓是"和而不同，各美其美"。

（一）"和"在开阔的"课程意识"，"不同"在大异其趣的教学内容

仔细研读两位老师的教学设计，我们不难发现：两位教师的教学内容虽大异其趣，但都是在"课程意识"引领下，围绕"课程目标"构建的，都是干干净净的、很纯粹的语文，没有半点儿杂质，扎扎实实地做着的是语文的事儿，无一不关乎语文。

罗老师以"见文—见形—见心—见性—见本"贯通整个教学流程。在这个过程中，通过让学生读通课文，把握文章主要内容，感受古白话文的情味，掌握阅读此类文章的基本方法，如词义理解三法，抓住人物的动作、神态来把握人物形象等。其次，通过诵读、比较、体味等手段走进文本，读出严监生的形象，体味严监生的心理变化，感受严监生的性格特点，揣摩作者刻画人物的方法及妙处，并尝试运用。最后，通过感受严监生活灵活现的人物形象，拓展阅读，激起学生对整本书的阅读期待，实现从"一篇"走向"一本"。整节课既有对文本内容的理解，也有对语言形式的自觉关注［"三次摇头"的不同写法，"一波三折"的情节特点（设置悬念），"事不过三"的创作"玄机"］，更有学习方法的渗透与指导，真正致力于实现"得意、得言又得法"。

蒋老师的教学流程是：初读，疏通字音文句→再读，感受人物形象→板书，梳理复述情节→说书，体会悬念意外→拓展，阅读同类文本。在"从人物的动作、神态描写中感受严监生人物形象"这一教学内容的选择上，蒋老师与罗老师不谋而合，不再赘述。所不同的是，蒋老师让学生感受"设置悬念"等情节设计在表现人物形象方面所起的作用则是浓墨重彩的一笔。在落实这一教学内容时，蒋老师重锤敲击，泼墨如云。从"师生对话，梳理情节"开始，再到还原说书场景，找出小说的"悬念点"，感受"意外"所达成的

效果,"细节"描写对刻画人物所起的作用,到最后引入契诃夫《醋栗》中的两个角色,让学生设计情节,无一不是引领学生感受情节设计对于塑造人物形象的作用,感受文学技巧的魅力,随后又进行了"写的训练",真可谓是匠心独具,别具一格。

对比两人的整体设计,罗老师的课精致厚实,扑面而来。整堂课体现阅读教学本质,切准小说教学的特点,眷注阅读能力的训练和培养,致力于实现理解语言内容与学习语言形式的和谐统一。蒋老师的课彰显出他一贯宏阔的课程视野和独特的设计思路,开放又大气。从"表达"出发,既有对整篇小说的宏观观照,也有对小说内部的微观视察,着力于小说中情节的设计对人物形象塑造的作用,从真正意义上实现了读写结合。

(二)"和"在强烈的"文体意识","不同"在观照"文体要素"的角度

文体意识是沟通学生语感和境感的唯一枢纽。每篇文章都有它自己的文体归属,任何一种文体都有它区别于其他文体的不同特点,这些特点鲜明地表现在内容的选择、结构的安排、技巧的运用和语言的表达等方面。文体决定的这些特征对于语文教学内容的开掘、教学方法的使用等都具有十分重要的意义。

罗老师和蒋老师都旗帜鲜明地将阅读方向指向了"小说"这一文体。理所当然地,小说的人物、情节、环境等当成为小说教学的主要依托。但两位在"文体要素"的观照上却有不同的角度,让我们来看两位老师的教学片段。

罗才军:引导学生领会小说情节的"一波三折"、小说创作的"事不过三"

师:你说这吴敬梓坏不坏呀?非要写三个人猜,而且还都没猜中,直接写赵氏猜出是两茎灯草,不是更好吗?

生:这样写不能写出严监生的小气,课文这样写能写出严监生更小气。

生:写了三个人猜都没猜中,可以激起读者的兴趣,继续猜下去。

生:这样写让故事有了一波三折。

师:更小气,我听出来了。你觉得这样写,这个小说更有悬念。那么,接下去写赵氏也猜不着,不好吗?

生：让赵氏也猜不着，整篇文章就没有峰回路转了。

生：如果这样的话，别人会失去读这篇文章的兴趣，觉得很没意思。

师：你看，中国古代流传下来的许多故事，像《孙悟空三打白骨精》《三顾茅庐》等，讲的都是一波三折，这还真应了一句古话，叫"事不过三"。

蒋军晶：引领学生感受情节设计的"悬念丛生"、故事结果的"令人意外"

师：古代的说书人是很喜欢这一片段的。说书人说到这个情节的时候，都会停下来，然后会说一句我们很熟悉的话：欲知后事如何，请听下回分解。你们认为，那些说书人会在哪一个地方停下来？猜一猜。

生：我觉得会在两位奶妈之后停下来。

生：第三次猜测，严监生没摇头前。

生：赵氏说完，没公布答案前。

师：认为这个地方应停下来的举手。为什么你认为是赵氏说完后停下来？

生：吊人的胃口。

师：情节的设置有悬念，悬念的作用就是吊人的胃口。那我们来模拟一下，我们来说一说——欲知后事如何，请听下回分解。你看，想不想继续往下听呢？很多人想听，这就是悬念。我做了个实验，没有看过这个故事，看过这本书的人，我问了好几个人，没有一个人能猜得到答案。当老师公布这个答案，知道这些人是什么表情吧？是惊讶，都是惊讶。

师：他们为什么惊讶？

生：他不会想到严监生的答案是这样的，为了区区的两茎灯草。

师：一般人关心的是什么？亲人、财产，而他关心区区的两茎灯草。这就是意外。（师板书：意外）

师：到现在，你觉得严监生是一个怎样的人？

生：太吝啬了。

生：我觉得他是一个爱财胜过生命的人。

师：担心两茎灯草，让我们感觉这个人应该是很寒酸的，而他却是个有钱人，所以形成一个强烈的反差，就像那位女同学所说的，真是太吝啬了。因为这个结局太让人意外了。

上述片段中，罗老师主要引领学生发现小说在情节设计上的特点——"一波三折"和"事不过三"的创作玄机。他先通过口头改写原文，引导学生感受小说情节设计的特点：一波三折且悬念丛生，然后引入《孙悟空三打白骨精》和《三顾茅庐》进行确证，最后问学生："我们让赵氏也猜不着，来个四，行不行？"引导学生发现小说创作"事不过三"的"玄机"：少了不够曲折，多了显得不耐烦，"三"恰到好处，这比在习作课上纯粹地讲授创作技巧更显无痕与高明。

蒋老师则主要引领学生领会"情节""悬念""夸张""细节""意外"等小说诸要素。先以说书人说书为引子，提问：你觉得那些说书人，说到哪里，会停下来？学生们各抒己见，最后大多数意见都支持在赵氏说完后停下来。这又是为什么呢？学生自然而然地认识了什么叫"悬念"。接着，老师出示读者们读完这个故事后的表情图片——惊讶，水到渠成地认识了什么叫"意外"。最后，以"你觉得严监生是个怎样的人"这一问题为突破口，让学生找出隐藏在字里行间的"迹象"，表明严监生是个有钱人，这字里行间的迹象就是"细节"，于是，学生对"细节"也了然于胸了。当然，引导学生认识情节、悬念、意外和细节不是蒋老师的真正目的，其真正目的是引导学生认识到这些手法的巧妙运用对揭示人物性格、塑造人物形象所起的作用。

（作者：浙江省衢州市教育局教研室　施燕红　浙江省龙游县阳光小学　徐国良）

三、同样的教材，我让它生产不同的知识

　　语文教科书中的每一篇课文，不仅是一个个文本，供我们阅读、体会，同时也是一个个生产知识的宝库。语文课除了让孩子们接受语言文字的熏陶之外，如果能够生产对孩子们学习语文有益的相关知识，孩子们同样是十分感兴趣的。当然，听课老师也会饶有兴致，但前提是，所生产的知识一定是"新鲜"的。在下面的案例中，盛新凤老师别出心裁，让孩子们"自主发现"有关以"如梦令"为词牌的词的知识，然后让孩子们欣赏由李清照《如梦令》（浓睡不消残酒）谱写的歌曲。其实我们也知道，孩子们是一定能够"自主发现"这些知识的，而且也能够"感受"到歌曲的美。但，孩子以自己的自主行动发现和欣赏时，感觉一定是新鲜和有趣味的。而吴建英老师则利用《如梦令》这篇教材"生产"出了关于李清照生平情感的知识，并通过歌曲让师生共同在"词国女皇"的早期生活中"沉醉"了一回。在"沉醉"的过程中，孩子们自然会思考：老师向我们提问"李清照后期生活的转变使她的词风产生了怎样的变化"，是什么目的呢？到底产生了怎样的变化呢？孩子们的学习"新鲜感"和兴趣自然就不一样了。

名师对对碰及一线教师品析 1

"语味" "情味"，殊途同归
——盛新凤、吴建英《如梦令》教学片断赏析

　　《如梦令》是苏教版六年级下册第三单元《词两首》中的一首，是我国文学史上最著名的女词人李清照所作。词人回忆了一次愉快的郊游情景，表

现了词人早期生活的情趣和心境。细细品味这首词，再细细研读两位名师——盛新凤和吴建英的课堂教学实录，我发现两位老师都不约而同地在读通读懂词上狠下功夫，最后一个教学环节——拓展部分更有异曲同工之妙，都把教学的触角伸向更广阔的天地，让课堂中弥漫着的"语味""情味"一样浓。

（一）拓展读词，品味词之语味

盛新凤老师教学片断

师：请同学们再读一首词。［出示另一首《如梦令》（昨夜雨疏风骤）］
（生读。）

师：盛老师把两首词放一块儿，你发现这两首词有什么相似的地方？

生：字数一模一样，都是33个字。

生：我发现它们同行的每个字都是对应的。

师：句式一样的，是吗？

生：题目一样，作者也一样。

师：题目你还记得叫什么吗？就是咱们说的——（生齐说："词牌名。"）你还发现什么了？

生：我发现格式都一样。

生：最后一个韵母都有"u"，都写到了醉。

师：哪一句？

生："浓睡不消残酒"。

师：李清照的词中还有很多也写到了喝酒，有兴趣可找出来读一读。

师：同学们发现的就是"如梦令"这种词牌名的词的特点、字数、句式和韵律。这首词咱们以后还有机会细细地品味。

师：古代的词谱成曲可进行演唱，你们想不想听一听《如梦令》这首词谱成曲子后，唱出来是什么感觉的？（放音乐）

师：有味道吗？它是用昆曲来演唱的。有兴趣可找一找别的谱成曲的词来听一听。

在这个教学片断中，盛老师特别抓住了"如梦令"这种词牌的语言特点，引导学生通过对比阅读，自主发现"如梦令"这种词牌字数相同、句式一样、韵律相同的特点，对词牌有了更深的了解。特别是学生发现两首词中都写到了"醉"——"浓睡不消残酒""沉醉不知归路"，学生对李清照词的风格也有了初步认识，同时，盛老师也不忘激发学生学习李清照词的兴趣。很显然，课堂的尾声充满了"语味"。

（二）拓展读人，感悟词之情味

吴建英老师教学片断

师：人们常说"景中藏情"。这首词，字里行间都向我们传递着李清照当时内心无尽的喜悦，你能猜一猜李清照当时生活得怎么样吗？说说你的理由。

生：我猜想李清照当时的生活无忧无虑，非常快乐！因为从词的字里行间，我们都能感觉到这种快乐！

生：我也有同感，她的生活一定非常美好、幸福。但我感到疑惑的是，我看到的资料中都说，古代的女人是大门不出的，而李清照居然能出游、喝酒，真是让人觉得不可思议！

师：能联系自己原有的知识提出质疑，会思考！古代大思想家孟子曾说过这么一句话。（出示："诵其诗，读其书，不知其人可乎？是以论其世也。"）就是说，读诗也好，读词也好，一定要读人，要了解作者的生平和时代背景。请大家看。（出示李清照生平资料。）

师：和你们的猜测一样，早期时候的李清照一直生活在幸福美满之中，生活在她的眼睛里充满了色彩，充满了愉快，充满了生机，也充满了乐趣。我们品读一首词，其实就是在品读一段独特的人生经历。不同时期的词能反映词人不同的心路历程。那么，李清照后期生活的转变使她的词风又产生了怎样的变化呢？感兴趣的同学下课后可以继续去读她的词。最后，让我们跟随李清照再次回忆起她少女时期的那一段美好的生活……（配乐齐读，之后播放蔡琴的歌曲《如梦令》。）

师（在歌声中总结）：今天，我们在"词国女皇"李清照的《如梦令》中沉醉了一回！词，真是一种精巧美好的文学，它有一种魅力，有一种触动人心的力量。好词，千百年后仍然能使我们为之感动、陶醉！

如果说盛老师的课充满着"语味"，那吴老师的课则洋溢着"情味"。吴老师引导学生关注"词"背后站着的那个"人"，她让学生明白读词要读人，要了解诗词的时代背景、作者的生活经历及创作诗词时的情趣心境。同样，课堂的尾声情意浓浓，学生对李清照的词产生了浓厚的兴趣，被李清照的词中所描绘的美酒、美景深深陶醉。

从上述两则教学片断足可以看出读"词"与读"人"的异曲同工之妙，在拓展延伸中，盛老师从语言本体着眼，让学生比较阅读，了解词的语言特点。吴老师则从词人入手，让学生深入了解李清照的同时，也明白了品读一首词，其实就是在品读词人一段独特的人生经历。无论是读"词"的"语味"，还是读"人"的"情味"，都培养了学生对李清照词的研读兴趣，积淀了文化底蕴，产生了一样的效果，课堂里都洋溢着浓浓的词的味道。

（作者：江苏省扬州市维扬实验小学　卞国湘）

名师对对碰及一线教师品析 2

彰显 "莫比乌斯带" 式的语文教学
——薛法根、虞大明《桂花雨》教学赏析

莫比乌斯带是一种拓扑图形，是将一个具有双侧曲面的纸条扭转180°后，再粘接两头形成单面纸带，沿着这个单曲面不断前行，循环往复。这一特性被广泛应用于建筑、艺术领域。语文教学是一门艺术，理应构建一个单曲面，让学生在探究学习中无限生长，韵味无穷，产生"莫比乌斯带"的效应。有幸聆听薛法根、虞大明《桂花雨》一课散文教学，其教学极大地彰显了"莫比乌斯带"的效应。现撷取片断以飨思考。

（一）导课：构建平面对接点

薛法根教学片断

师：请你们自己把课文读一读，并想象摇桂花的情景，并试着用一个字

概括。这一场又一场的桂花雨给人留下一个什么样的印象呢？

生1：美！

生2：香！

生3：乐！

虞大明教学片断

师：都说散文如诗，散文如画。善于阅读的人都能从文字里边读出画面来，当你读到"桂花雨"这三个字的时候，你的眼前浮现出了什么画面？

生：桂花像雨一样落了下来。

师：像雨点一样纷纷飘落。

（师走向另一生）你眼前浮现的景象是——

生：一阵清风吹过，然后许多小小的桂花都从树上飘落下来。

师：你比他描述得更加清楚。还浮现出了什么画面？

生：还有一阵清香从我的鼻子边掠过。

师：她还看到了清香，特别有意思。可见大家都是很善于阅读、很善于想象的孩子。

赏析：如果把学生与文本看成阅读的两个平面，阅读教学就是这两个平面构建成的整合体，然而，实现这一构建需找到这两个平面的对接点。学生在阅读文本的过程中，容易呈现出一种心理感知，我们把这种感知称为"阅读印象"。这种印象是对文本语言吸收、感悟的思维反映。阅读教学就应以学生的"阅读印象"作为教学的起点，才能实现文本表达与学生思维的有效对接。薛老师以"情"入手，着重在学生自读课文后，在情景印象中，以概括的方式表达对"桂花雨"的那份情感，使学生的生命脉搏与作者的生命情感律动相应和，从而融入文本。虞老师则以"形"入手，紧扣散文"形散神聚"的文体特点，以词语的意象为切入点，凸显"见词生意"的画面形象，这是一种想象式言语表达，是学生将生活印象结合各自的体悟进行再运用的过程，形成与文本语言描写的思维冲突，让学生沉入文本，实现对话。两位名师的教学有着异曲同工之妙。

（二）结课：让平面无限延伸

薛法根教学片断

师：作者写这篇文章的时候，他在哪里？

生：台湾。

师：作者去了台湾就再也没有回来，在这段日子里他的父亲母亲相继去世，你想一想作者写父亲母亲的有关句子是什么样的表情？

生：泪流满面。

师：想念家乡，又不能回去，这种忧伤就是——

生（齐）：乡愁。

（师生齐读：每到这时，我就会想起童年时代的"摇花乐"和那阵阵的桂花雨。）

师：桂花雨让作者魂牵梦绕。（板书：桂花还是故乡的香。）

师：请同学们把这句话抄在笔记本上，并想象一下，当你有一天离开了婺源，你会说什么？请你模仿这个句子"（　　）还是故乡的（　　）"再写两三句。

师：桂花还是故乡的香。

生1：茶还是故乡的浓。

生2：梨还是故乡的甜。

……

师：桂花雨，好香的雨啊！这"香"字当中，隐藏着作者童年时的美好回忆。但六十多岁了，作者还要写自己童年时的摇花乐，她要表达的是淡淡的乡愁。请记住这散文题目——

生：桂花雨。

虞大明教学片断

师：孩子们，琦君为我们留下了许许多多的作品。（课件出示：琦君擅长散文和小说，代表作有《烟愁》《细沙灯》《水是故乡的甜》《桂花雨》《细雨灯花落》《乡愁》《家乡味》等。）老师特意为大家摘录了琦君这些代表作当中的部分语段，我们一起轻轻地默读、浏览，来品悟琦君的乡愁，好吗？

（课件出示：面对姹紫嫣红的春日，或月凉似水的秋夜，我想念的是故乡矮墙外碧绿的稻田，与庭院中淡雅的木樨花香。我相信，心灵如此敏感的，该不只我一个人吧！——《烟愁》）

（配乐品悟。）

师：读懂了吗？孩子们，木樨花就是桂花。

（课件出示：每回我写到我的父母家人与师友，我都禁不住热泪盈眶。我忘不了他们对我的关爱，我也珍惜自己对他们的这一份情。像树木花草似的，谁能没有根呢？我常常想，我若能忘掉亲人师友，忘掉童年，忘掉故乡，我若能不再哭，我宁愿搁下笔，此生永不再写，然而，这怎么可能呢？——《烟愁·后记》）

……

师：孩子们，品读了这些文字，当我们再回到"桂花雨"这三个字时，我相信大家感觉已不同。再读到这三个字时，你会看到什么画面？

生：我会想到琦君在写这篇文章时在想念家乡，眼角也湿润了。

师：是的。这阵阵飘落的不仅是桂花，还是思乡之情，是浓浓的愁绪。故乡水养育了故乡人。一旦远离故乡、亲人，等你们长大了，乡愁就浓了。到那个时候，故乡的一山一水、一草一木，连同你们快乐生活的点点滴滴，都会时时入你们的梦中，入你们的文中，化作浓浓的乡愁。

赏析：每篇散文，都是作者被生活激发而涌现出来的思想果实。"桂花雨"那散落的点点桂花，是作者乡愁思想的寄情之物。薛老师的落脚点在"香"字，在创设异乡思亲泪流满面的意境，唤醒文本乡愁主旨的基础上，诵读"每到这时，我就会想起童年时代的'摇花乐'和那阵阵的桂花雨"，进行情感积淀。然后，聚焦"桂花还是故乡的香"进行模仿性表达的言语训练。这样的教学环环相扣，是对"桂花香"的教学起点的回归，创造性言语表现的引导，将学生引入思想与情感的高地，并在一个"香"字中得以延伸。虞老师的落脚点则在"琦君"，通过呈现琦君代表作当中的思乡语段来品悟琦君的乡愁，习得琦君立体的乡愁情怀，然后回归读"桂花雨"呈现的画面，升华每个离开故乡的人都会有像琦君一样的浓浓乡愁，彰显了文本的主旨。这样的教学从一个文本走向多个文本，学生在品读中，心灵深处烙上了"琦君散文"的印痕。

两位名师从导课到结课，对确立的核心教学内容紧扣不放，形成循环往复、无限延伸的效果，给学生带来了文字、声音与情感的"无穷之思"，无疑是一种叩击心灵的回响。这正是"莫比乌斯带"式的语文教学所带来的效应。学生获得的不仅是对内容的反复探究与砥砺，更是对文本特质的知晓，真正实现与作者、与生活对话的迁移。

（作者：福建省三明市清流县田源学校　陈新福）

名师对对碰及一线教师品析 3

关注神话特点　感受神话魅力
——祝禧、张学青《开天辟地》教学片断赏析

神话故事丰富奔放、瑰奇多彩，伴随孩子们走过了美好的童年时光。神话教学，应顺应童心，让儿童在课堂上享受神话的神奇，获得学习的快乐。笔者近期学习了祝禧和张学青这两位省特级教师分别执教的《开天辟地》的神话教学的课例，从中受益很多。

收获一：关注神话特点，走进神话故事

祝禧老师教学片断

师：今天这堂课我们要走进一个关于天与地的故事。（板书：开天辟地）一起读。

（生齐读。）

师：我们读过童话故事，也读过寓言故事，《开天辟地》是什么故事？

生：神话故事。

师：对，它是一个千古流传的神话，它主要讲什么呢？

生：主要讲了盘古开辟了天地，后来盘古死后他的身躯化成了万物。

师：说得真好，既简练又清楚。这个《开天辟地》神话故事告诉我们世界是怎么来的，像这样的神话故事，是我们人类第一个关于世界最初本源的故事，所

以这样的神话又叫创世神话。（板书：创世神话）这创世神话是怎样千古流传下来的呢？

生：应该是一代一代把故事讲给自己的孩子听。

师：比如说爸爸妈妈讲给谁听？

生：讲给他们的孩子听。

师：孩子长大了，做了爸爸妈妈后又讲给谁听？

生：又讲给他们的孩子听。

师：对呀。一代一代这么传下去，我讲给你听，你讲给他听，这叫什么呀？

生：流传。

师：嗯！这种方式就叫口耳相传。我小的时候，我妈妈就给我讲《开天辟地》的故事，我听了一遍就记住了。于是我就讲给我的小伙伴听，他们也记住了。我做妈妈了，我就讲给我的孩子听，他一听也记住了。同学们，你们想不想等你们做了爸爸妈妈以后讲给你们的孩子听呀？

生：想。

师：今天我们就来口耳相传讲故事，就讲我们熟悉的《开天辟地》的故事。

请你们选择最感兴趣的一个情节到前面来讲。

生：我想讲盘古站起来之后开天辟地的样子。

生：我想讲盘古开天辟地之前世界的样子。

生：我想讲盘古临死时身躯化成万物的样子。

生：我想讲盘古头顶天脚踏地的样子。

（四位学生按故事的先后顺序到台前排列。）

师：第一轮口耳相传讲故事就要开始了，请你们评出这四位讲述者中你最喜欢的一位。

（学生绘声绘色讲故事后，老师适时引导评价。）

张学青老师教学片断

师：读书有一种本领，就是把一篇课文读成一两句话，这个本领叫概括。《开天辟地》这篇课文，你能把它读成哪句话？课文中可有这样的句子，可以概括整篇课文的主要内容？

生：最后一段："就这样，盘古以他的神力和身躯开辟了天地，化生出世间万物。"

师：你的眼睛真是火眼金睛，找得很准。但我问你哪句话概括课文的主要内容，需要"就这样"么？

生：不需要。

师：对，这个"就这样"在课文中是用来承接上文的，这里没有上文，就不能再用"就这样"。大家一起来读这个句子——"盘古以他的……"

（板书：神力：开辟天地　身躯：化生万物）

师：什么是神力？

生：超乎人想象的力。

生：神奇的力量。

师：盘古这个大神，有着怎样神奇的力量呢？自由读2~6自然段，在你感受到盘古有神奇的力量的那些句子或者词语底下做上记号，等会儿我们交流。

（生自由读课文，边读边思，在书上圈点摘画，四分多钟。）

师：选一处，和大家来交流一下吧。

（学生围绕自己圈画之处交流学习体会，老师相机出示句子研读神奇之处。）

祝禧老师在开课伊始，抓住神话口耳相传的特点，独具匠心地设计了教学生口耳相传讲故事、听故事的方法，从课堂教学的结构上实现了对当下课堂的颠覆和重构。而讲故事的同学，不仅把书上的内容变成了自己的语言，充分地消化，而且把自己的语言变成了口头语言，生动地讲述出来。语言的魅力，神话故事的魅力，听故事、讲故事何尝不是课堂的一种享受？

张学青老师则抓住神话故事神奇、富于幻想的特点，从中心句入手，以文本细读的方式，让学生在字词句中感受盘古的"神力"。在神话的世界里，神奇的人物、神奇的力量、神奇的宝贝，还有心中的神奇感觉，正迎合了儿童的幻想心理。在与学生交流分享时，围绕"大鸡蛋"的裂开、破碎，盘古是怎么长高的，经过张老师适时的点拨，盘古这个"大神"的形象在学生心里神奇地站了起来，他们也仿佛经历了一场奇妙的创世之旅。

收获二：延续神话魅力，追求智慧生长

祝禧老师教学片断

师：远古时代，交通、信息都不发达，可在世界各个角落，各个民族几乎都有创世神话。打开《创世神话手册》，选择一个故事，和中国盘古开天辟地做比较，它们有哪些相同的地方？又有哪些不一样的地方？

生：我比较的是《印度创世神话》，它和中国的创世神话一样，里面都有一个大神。印度的这个大神名叫梵天。大神梵天在创世之前在一个金蛋里，而盘古是在一个大鸡蛋里。

师：嗬，虽有些细微不同，但却很相像，可能因为中国、印度都在亚洲的缘故吧！

生：《北欧创世神话》里是没有蛋的，只有混沌，还有无底洞，而且北欧创世之神很多，有火焰巨人苏尔体尔，有冰巨人伊密尔，还有神普利。而《开天辟地》里只有盘古一个。

生：盘古开辟天地后就化生了万物；梵天是先造出了人，再由人造出万物。

生：北欧创世神话的世间万物是冰巨人伊密尔化生来的。他是恶的，不像我们的盘古是一个英雄化生而来。

师：那你们有没有想过为什么会有这些异同？也许跟地理位置有关，也许跟民族的生活习惯有关，也可能跟人的宗教信仰有关。如果再多进行一些比较和研究，你们的收获还会更多呢！同学们不妨将这个月定为创世神话研究月，说不定你们的第一篇创世神话研究报告就会诞生了呢！

张学青老师教学片断

师：《开天辟地》是神话故事，先民们无法解释天和地是怎么来的，就靠他们的想象来编各种各样的故事。有的故事说天和地是胎生的，有的故事说天和地是卵生的，也有的故事说天和地合不拢，是由一棵最高、最直的杉树给顶着。这些故事，人们大都不知道，而唯有这个盘古开天辟地的故事被人们广泛地流传，可见这个故事的确不一般。这是为什么呢？同学们，在这个故事里，在盘古的身上，除了他的神力之外，你还看到了什么？

生：我在盘古的身上看到了盘古为人类无私奉献而捐献自己的身体，他舍己为人。

师：他有自我牺牲精神。但是请你注意，他化生万物时还没有人类呢。请你把"舍己为人"这样的词收回去吧。

生：我在盘古的身上看到了他的勇敢。

师：怎么勇敢了？

生：他在黑暗的大鸡蛋里不害怕，他拿起了斧头和凿子猛劈猛凿。

师：是的，他没有在黑暗中继续躺下睡觉，而是勇敢地拿起了斧头和凿子。这一斧头劈出去是什么，他不知道，但他勇敢地劈了出去。

生：我觉得盘古不怕困难，因为撑着天地是很累的，他没有被困难吓倒。

师：说得真好。一个"撑"字，说明他在竭尽全力。你再来看，他撑了多久？

生：一万八千年。

生：几千万年。

师：那么长时间的坚持，你在盘古身上又看到了什么？

生：坚持不懈。他有坚强的毅力。

生：我在盘古身上看到了孤独。

师：是啊，英雄从来都是孤独的。但是，当我们把他的故事一代代传颂的时候，他就不孤独了。盘古身上这种"从无到有"的"勇于创新"的精神，正是我们这个民族所需要的。"开天辟地"这个词慢慢地也变成了一个成语，用来形容从无到有的创新精神，或者喻为一种新的开始。（板书：从无到有　勇于创新）

祝禧老师以一篇带多篇，灵活地、创造性地使用教材，通过比较阅读各地创世神话的异同，让学生在自主体验、分析、归纳中拓宽文化阅读视野，汲取人类精神文化的营养，又一次践行了"文化语文"的精神。而张学青老师则引导学生透过鲜活的故事，透过盘古的神力，提取这个神话故事背后的精神意义，眼光深邃，思考深刻。两位老师的执教让神话故事的魅力延续，让学生的智慧悄然生长。

（作者：江苏省扬州市育才小学　张　卉）

四、同一篇课文，其实什么都能读解

当词和句子构成一篇文章后，其实所有的词和句子都有被解读的可能，这就是文章的全息效应，或者叫系统效应。下面的课例，让我们看到，几位名师分别选择了文本中的不同词句进行解读，但同样精彩。正如品析的作者所说："王老师一上课就引导学生找出词语'不可估量''化为灰烬'，并在黑板上各板书三遍，融入了浓浓的情感；窦老师紧扣住'掠''毁'等词让学生感受到英法联军的疯狂与嚣张；于老师让学生想象了'众星拱月'，简介了'蓬莱瑶台'，点拨了'武陵春色'，感受到圆明园的美好。"围绕文本，三位名师还分别从文章的不同地方补充了不同性质和内容的资料，对文本的补白也放在了不同的地方。但，孩子们对文本的理解同样达到了深刻的程度。为什么会这样？一方面，自然是三位名师有着不同的知识背景，所以对文本各个地方的敏感性会有所不同；另一方面也说明，只要用心，文本有很多地方是可以解读的。只要仔细琢磨，只要精心品咂，只要能够深刻理解文本，你就会发现，好文本的很多地方都是可以品出深意的，从而让我们"玩转"课堂。

名师对对碰及一线教师品析 1

我们可以教什么？
——于永正、窦桂梅、王崧舟《圆明园的毁灭》教学内容赏析

《圆明园的毁灭》这一课，于永正、窦桂梅、王崧舟三位特级教师都讲过。同课异构，彰显了三位大师鲜明的教学个性——于老师关注语文知识本

体性，朴实无华；窦老师引经据典，建构主题，厚重而有深度；王老师紧紧扣住文中的情感因素，诗意而大气。

按王荣生教授的观点，在语文教学内容这个含义上，"教师风格"或"教师个性"关系着教师对语文教学内容的选择与创新，即在语文课程与教学内容研制严重落后的情况下，语文教师对教学内容所做的创造性的开发，或者说，是教师"实践性知识"的显现。我试着从语文教学内容的选择方面对三个课例的共性进行简要的梳理与思考。

教学内容一：词语——咬定青山不放松

王老师一上课就引导学生找出词语"不可估量""化为灰烬"，并在黑板上各板书三遍，融入了浓浓的情感；窦老师紧扣住"掠""毁"等词让学生感受到英法联军的疯狂与嚣张；于老师让学生想象了"众星拱月"，简介了"蓬莱瑶台"，点拨了"武陵春色"，感受到圆明园的美好。

思考：抓住好的词语切入课文，能起到"牵一发而动全身"之效。《语文课程标准》第三学段对于"阅读"的相关要求是：能借助词典阅读，理解词语在语言环境中的恰当意义，辨别词语的感情色彩。联系上下文和自己的积累，推想课文中有关词句的意思，体会其表达效果。三位老师不是机械地灌输，而是循循善诱，既理解了词语的义，又悟得了词语的情，懂得语言的妙处。

教学内容二：资料——一枝独放不是春

三节课的资料补充有下列情况：一是文字。王老师最后向学生出示了关于圆明园的资料。窦老师一共出示了三处：①现代诗；②雨果的信；③李大钊的诗。二是图片。于老师、窦老师出示课文插图。三是视频。王老师、窦老师最后播放了《火烧圆明园》的录像。

思考：王荣生教授这样定义：语文教学内容，是教学层面的概念，从教的方面说，主要指教师为达到教学目标而在教学的实践中呈现的种种材料。它既包括在教学中对现成教材内容的沿用，也包括教师对教材内容的"重构"——处理、加工、改编乃至增删、更换。从整个课堂来看，三位老师都对文本进行了独特的解读，一种"有道理"的阐释。借助文字图像资料，可以帮助学生深入地走进课文，反复刺激学生的神经，产生与课文相匹配的情感。尤其是窦老师的课堂，资料出示得恰到好处，如雨果的信成了情感的催化剂，让学生向往、憧憬、赞叹、惋惜、痛恨、无奈。而这些资料没有偏离文本的主旨，反而成为课文强有力的补充。我想，如果将其编入课文，岂不妙哉？

教学内容三：表达——迢迢不断如春水

课末，老师提出问题。

窦老师：面对英法联军火烧圆明园的行径，你会怎么做？请选择一个角色静静想一想，一会儿请你实话实说。

于老师：圆明园的毁灭仅仅是个损失吗？……我想每一个中国人读了这篇课文一定有很多话要说，对自己说，对别人说，甚至对至今还在搞霸权主义的国家说。把此时此刻要说的话写下来，待会儿交流交流。愿意对自己说的对自己说，愿意对别人说的对别人说。

王老师：这把火烧毁了什么？请你把它写在纸上的任何一个空白地方，把它写到你的心上。

思考：《语文课程标准》第三学段"阅读"相关要求：在交流和讨论中，敢于提出自己的看法，做出自己的判断；阅读叙事性作品，了解事件梗概，简单描述自己印象最深的场景、人物、细节，说出自己的喜欢、憎恶、崇敬、向往、同情等感受。这一环节较好地达成了这些要求。学生的发言中愤慨有之，悲伤有之，决心有之，遗憾有之，个中滋味，难以言表。真正的学习在此发生。尤其欣赏窦桂梅老师的设计，从简单的口号式的抒情中跳了出来，让学生直面当时沉重的现实，由此引发更深层次的思考，让学生带着思考走出课堂。真正的教学应触及学生的精神，让学生在文字之外能形成自己的认识。

（作者：江苏省兴化市大垛中心校　潘　健）

名师对对碰及一线教师品析 2

聚焦 "美" 的表达
——李吉林、薛法根《燕子》教学片断赏析

在阅读表现大自然景物的文本时，感受大自然的美好是常见的教学目标，对这一教学目标的达成教师多数是用有感情朗读课文来落实的。其实，用朗读来表达感受是在瞬间呈现的，不容易对其进行仔细辨别，而作为感觉的思维状态不容易物化，更不好掌控。这样对"大自然的美好"的体会程度如何，只能停留在一种说不清、道不明的模糊感觉中。对此，一线教师左冲右突，难寻出路。我们深入学习特级教师李吉林、薛法根在《燕子》一课教学中的做法，就会受到启发。

李吉林老师教学片断

师：现在看第二自然段。前面两句主要写了哪些景物？

师：对照图看课文，写了哪些景物？把主要词语画下来（雨、风、柳、草、叶、花），用这些词组成一个简单的句子。

生：三月下过雨，风吹拂着柳，草、叶、花聚拢来，形成了春天。

师：有小朋友说缩减的句子干巴巴的。为什么这样写就干巴巴的？书上添了哪些词语就变美了呢？读读看。我们先看第一句，"三月，下过雨"，书上用的是"阳春三月"，春天里最好的一段时间，就叫阳春三月。阳春三月下过什么样的雨呢？

生：下过几阵蒙蒙的细雨。

师：加上"蒙蒙的"有什么感觉？

生："蒙蒙的细雨"写出了浓浓的春意，使我想起了朱自清写的春雨，"像牛毛，像细丝"。

师：很好！还想到了什么？

生：沾衣欲湿杏花雨，吹面不寒杨柳风。

师：好！我们再来看第二个句子。

（师范读。）

师：我们先在这儿加个词语，念念看，有什么不同？

生：微风吹拂着柔柳。

师：有什么感觉？"风吹拂着柳"加上"微""柔"，柳枝怎么样？

生：柳枝在轻轻摆动。

师：再说说，微风吹拂着什么样的柔柳呢？先不说数量，也不说色彩。

生：微风吹拂着才舒展开黄绿眉眼的柔柳。

师：哦，"黄绿眉眼"是什么意思？柳枝像什么？

生：柳枝像才从梦中睡醒一样，刚睁开眼。

生：这样就把柳树写活了，好像柳树有了眼睛和眉毛。

生：微风吹拂着千万条才舒展开黄绿眉眼的柔柳。

师：（结合"千万条"板画柳枝）这句描写的情景和前面学过的哪首古诗意境相似？

生：《咏柳》，"万条垂下绿丝绦"。

师：课文接着写了草、叶、花，你能在这些景物的前面加上适当的词语吗？可以形容色彩，也可以形容姿态，还可以二者都有，甚至是可以形容数量的。课文中说"各种鲜艳的花"，你可以具体说说什么花怎么样。

[出示句式：（　　　）草——；（　　　）叶——；（　　　）花——]

师：书上打了个什么比方？还打了个什么比方？像什么？

（生谈感受。）

师：这样一比喻，一拟人，我们好像也看到了花儿草儿竞相开放，竞相成长，感到了春天树木的茂盛，花草的繁多，充满了生气，一下子感到春天来了。注意这儿是"增添生趣"，因为春天本身已经很有生趣了，所以说是"增添生趣"。

薛法根老师教学片断

师：谁能看着板书，用一句话连起来概括这篇课文写了什么？

生：先写了燕子的外形，然后写小燕子在春天从南方赶来了，再写它在赶来的路上飞行的样子和飞倦了休息的姿态。

师：如果老师就写了这样一句话作为一篇文章给你看，你喜欢看吗？

生：不喜欢。因为太简单了，不生动。

师：而这篇课文把燕子的外形、春天的景色、飞行及停歇时的姿态写得具体、生动、形象，很有情趣。下面自己轻声地读一读，感受一下。

（生自由朗读课文。）

师：你们感觉到燕子的外形可用课文中的一个什么词来概括？

生：乌黑光亮。

师：黑得发亮，外形很美！那春天的景色呢？

生：美。

师：飞行的姿态？

生：美。

师：停歇时的姿态？

生：美。

师：你心里的滋味？

生：美。

师：你看，多美啊！外形美，春光美，飞行姿态美，休息的姿态也是美的。如果就用一个"美"字来概括，你满意吗？

生：不满意！

师：作者是怎样把燕子各种不同的美写出来，让我们感受到那么具体、生动、形象呢？我们平时只注意写了什么，很少注意作者是怎么写的，现在你要用眼睛去发现他是怎么写的。先看第一自然段。

生：用了"乌黑光亮""俊俏轻快""剪刀似的"，还有"活泼机灵"这些词语概括小燕子的外形特点。

生：他写小燕子身上每一样东西都是用一个词语来形容的，各不相同。

师：燕子身上每一个部位都写了吗？

生：他是抓住特点来写的，所以不是每样都写。

师：这就是抓住特点。样样都写就显得很啰唆，不美了。

……

师：作者写燕子不但抓住了特点，而且写出了它的美。美在哪里呢？主要在于那些形容的词语。你看，它的羽毛用了"乌黑光亮"来形容，如果写成"黑乎乎的羽毛"，还美吗？

（生摇头。）

师：所以你不但要抓住特点，还要用优美的词语来形容、来描写。词语有多美，你描写的形象就有多美！（板书：用词优美。）

师：你还要注意这些词语的结构，什么的什么，什么的什么，字数都是差不多相等的，结构都是相同的，所以读起来很有节奏，朗朗上口，便于记忆，也便于背诵。你能背吗？

（生齐背。）

师：你看，课文抓住燕子的特点，用优美的词语来写燕子的外形之美。课文中还有这样优美的词语，请你轻轻地读一读第二、三、四自然段。你感觉哪一个词、哪一个句子描写的美是很独特的，看看它是怎么写的，用笔把它画下来，体会一下。

上述片断中，李老师聚焦的具体内容是课文的第二自然段。她先从图文对照中画出所写的景物并把它们组成一句简单的话，再与课文中相关的句子进行对比，从中探寻"添了哪些词语就变美了呢"，再带领学生逐一添加成分，通过比较、推敲，引导学生从词语的形象、色彩以及细微差别中细细品味所添加的"优美词语"的作用与效果，从而在进入具体语境中习得语言，感悟语言运用的妙处所在。在这个过程中，李老师既注意让学生体会添加的词语的优美表现，又关注添加这些词语后是怎么"变美"的。尤其是对"变"的引导点拨，如春风化雨润物无声，充分显示了情境教学的无穷魅力。学生在李老师所创设的语言情境中不知不觉就说出了像"这样就把柳树写活了，好像柳树有了眼睛和眉毛"这样的句子。如此真切的感悟，好像"变"的画面就呈现在学生眼前一样清晰。为了巩固学生获取这种指向表达的阅读方法，李老师抓住文本资源提供了相关句式，要求学生对课文中没有展开描写的草、叶、花等进行添加词语让它"变美"的语言运用训练，以期达到学以致用的目的。

薛老师聚焦的具体内容是课文的第一自然段。他从用一句话概括课文内容着手引导学生体会到可以用一个词或一个句子来概括内容，可表达具体对象就"太简单了，不生动"，从而引出重点话题："作者是怎样把燕子各种不同的美描写出来的，让我们感受到那么具体生动形象的呢?"在以课文第一自然段为对象探寻的过程中，薛老师要求学生"用眼睛去发现他是怎么写的"。学生的认识从"他写燕子身上每一样东西都是用一个词语来形容的"到"他是抓住特点来写的"，获得了提高，也明白了"乌黑光亮"与"黑乎乎"在描写羽毛上不同的美感效果，懂得了表达"美"的事物就要"抓住特点，用词优美"。在此基础上，薛老师要求学生在课文第二、三、四自然段中去体会与感觉"哪一个词、哪一个句子，它描写的美是很独特的，看看它是怎么写的"，把教学带入下一个板块，揣摩"写得特别的词、句子"的写法，使聚焦"美的表达"更深入一层。

两相比较，我们可以看出，两位老师就课文《燕子》中所表现的美的内容，在指导阅读中，都自觉地选择了站在学生的角度，从学生怎样学习语言运用的立场出发，引导学生从具体的问题入手，借助相关的文本内容，来探寻、发现作者是怎样表达的。两位老师所选取的文本内容虽然不一样，但所走的路径是相同的，都是在教学中生成一个与教学目标紧密关联的问题（简单与具体生动的对比），接着引导学生深入文本来解决这个问题，而解决这个问题的过程正是探寻与发现"作者怎么写"的过程，最后再将所获得的表达方法适当运用到文本的后续学习中。这样不仅达成了相应的教学目标，而且也使指向表达的阅读教学成了整体教学的有机组成部分，在理解课文与语文实践活动有机结合的过程中，让学生通过学习语言运用，真正提升了语文素养。因此，两位教师在关注语言表达的教学中，真可谓异曲同工。

（作者：安徽省枞阳县浮山中心学校 方德佺 方俊夫）

名师对对碰及一线教师品析 3

论水论道

——王崧舟、潘文彬执教《孔子游春》片断赏析

孔子"论水"一段是《孔子游春》一文的重点，也是本文的难点。"水道"即"仁道"，也即"君子之道"。尽管课后思考题 3 提供了一个处理方式："联系上下文，理解孔子论水那番话的含义。"但对"论水"一节，潘文彬老师和王崧舟老师虽然都将其作为重点感悟段落，浓墨重彩地处理，但因为教学风格各异，处理的方式便各显风采了。

潘文彬：水道即孔子君子之道，两相交融，理解有所侧重

师：一般人看不出来，孔子就能看出深奥的道理来。孔子就有这样的智慧。他看出了什么道理呢？

生：在第八自然段。（生读关于水的一段话）孔子看出水是真君子。

师：同学们都关注到了第八自然段。我们一起来读一读，看看这深奥的道理你能不能懂。

生：我觉得孔子就是这个水。因为孔子有德行，他教弟子怎样去观察，他还很有情义。他也善施教化，他自己就是一个真君子。

师：你读出孔子就是一个真君子。

生：文章中只交代真君子的理由。从省略号可以看出，还有更多的真君子特点。

生：真君子，指一切美好品质的人。水和孔子一样，都是具有美好品质的。

师：孔子说了的水的四个品性。有德行，读懂了吗？

生：水像母亲一样，有德行。

师：水是哺育一切生命的乳汁。文章有一个地方，把水的德行描绘出来。你发现了没有？

生：我是从第二自然段发现的。（读第二自然段）从这里发现水的德行。

师：如果没有水的滋润，泗水河边的景色会有这么美吗？你再来读这一自然段，会有不一般的感受。谁再来读？

（生读。）

师：你有不一样的感受吗？

生：我发现一切都是这么美。这一切，都是水带来的。没有水，就不会发现这么美。

师：你不仅欣赏到了美景，还体会到了水的德行。一起来读。

（生齐读。）

师：同学们，水的其他品行你能读懂吗？

生：这样可以看出孔子和水一样善施教化。

师：你从善施教化读出来，孔子是一位善施教化的君子。

生：以前想必也看过水，但没说出来。孔子在适当的时候教会他们适当的道理。

师：这就是孔子说的不愤不启，不悱不发。真有智慧！一起来读一读。

（生齐读。）

潘老师论水论道，源于学生，理解时水之道与孔子言行体现的君子之道交织在一起——"水是真君子"，"孔子就是一个真君子"，先总后分，同时有所侧重——重点在处理水的德行（滋润万物）与水善施教化（结合孔子不愤不启、不悱不发来讲），对水的有情义、有志向学生没有过多提及，教师也没有进行深度处理。

王崧舟：详论水即君子，为后文君子之道的体现——论志，奠定坚实的基础

王老师依然用先总后分的方法，先总体理解，找到孔子上课的课文——水，并让学生勾画、批注水的特点。

师：要上课，光有课堂还不够，至少还得有课文。默读，找出孔子的"课文"在哪里，用波浪线画出来。

（生默读，圈画。）

师：谁来说说你找的课文？

生：水奔流不息，是哺育一切生灵的乳汁，它好像有德行。水没有一定的形状，或方或长，流必向下，和顺温柔，它好像有情义。水穿山岩，凿石壁，从无惧色，它好像有志向。万物入水，必能荡涤污垢，它好像善施教化……由此看来，水是真君子啊！

师：用波浪线把这段话画下起来。默读思考，找出水的特点，在读懂的地方画一画，写一写。

（生思考圈写。师表扬学生的好习惯：好记性不如烂笔头。）

接着，王老师带着学生们分四个方面，运用不同的教学方法：第一部分通过假设，品读"有德行"；第二部分引用古诗，品读"有情义"；第三部分想象画面，品读"有志向"；第四部分联系生活，品读"善教化"。

【第一部分】

师：让我们走进孔子的课堂——水。（出示课件）看第一句，读。

（生齐读：水奔流不息，是哺育一切生灵的乳汁，它好像有德行。）

师：关于这一句，你读懂了什么？

生：水的作用。

师：用一个词。

生：哺育。

师：水哺育万物，所以成了万物之灵。我们思考问题可以从反面来看。假如这个世界上没有了水的哺育，后果将会是——

生：一切生灵将会无影无踪，人和动物会死亡。

生：世界将不会再生机勃勃，植物也会死亡。

师：一切的生灵都死亡了，那地球会是怎样的一番景象啊？水的作用大不大？

生：大。

师：功劳这样大却还每天奔流不息、默默无闻，此时，你在心中对水寄予了一种怎样的情感？

生：感激。

生：敬佩。

师：把你的感激、你的敬意放进去，好好读一读。

师：哺育万物、默默无闻的水啊，就是——

生：有德行的水。

师：画出这句话。

【第二部分】

师：课文中第二句话，也是第二次出现"水"这个词。一起来读！

（生齐读：水没有一定的形状，或方或长，流必向下，和顺温柔，它好像有情义。）

师：这句话你读懂了什么？

生：读懂了它的坚毅。

师：我们再来读一读。

（生齐读。）

师："或方或长"的"或"字什么意思？

生：有的，有的。

生：有时候。

师：你能仿照"或方或长"用"或……或……"描写水的特点吗？

生：或深或浅，或长或短，或大或小，或高或低……

师：关于水的不同形状，古人有很多诗句。

（课件出示：半亩方塘一鉴开，天光云影共徘徊。——朱熹

无边落木萧萧下，不尽长江滚滚来。——杜甫）

（生齐读。）

师：古诗是这样读的吗？要有节奏。

（生再读。）

师：从朱熹的两句诗中，我们知道，水是——

生：方的。

师：哪个词？

生：方塘。

师：很好。看看杜甫的诗歌，水到长江里它就变——

生：长。

师：有个词说水很长很长。

生：不尽。

师：水遇到方的就变方，遇到长的就变长，这就是水的和顺。

（课件出示：飞流直下三千尺，疑是银河落九天。——李白

九曲黄河万里沙，浪淘风簸自天涯。——刘禹锡）

师：飞流直下的水，是——

生：直的。

师：九曲黄河，这水是——

生：曲，弯的。

师：万物之灵的水啊，该直的时候，它就直，该弯的时候，它就弯，流必向下，温柔和顺。这样的水就是有情义的水。画下来。

（生画。）

【第三部分】

师：看第三句。

（生读：水穿山岩，凿石壁，从无惧色，它好像有志向。）

师：关于水的这一特点，你又读懂了什么？

生：我读到了水的勇敢。

师：谁再来读一读，读出水的志向？

（生读。）

师：我发现你把"穿和凿"读得特别重，为什么？

生：因为水很勇敢、坚定。

师：除了勇敢，你还读出了什么？

生：水的勇气、志向……

师：由这两个字会想到一个什么词？

生：水滴石穿。

师：这就是有志向、有勇气的水。（引读）

师：水无论在什么情况下，无论在任何时候，都可以这么穿，这么凿。看，水从雪山走来——

生：穿山岩，凿石壁，从无惧色，它好像有志向。

师：看，水向大海奔去——

生：穿山岩，凿石壁，从无惧色，它好像有志向。

师：看，水从远古走来——

生：穿山岩，凿石壁，从无惧色，它好像有志向。

师：看，水向未来奔去——

生：穿山岩，凿石壁，从无惧色，它好像有志向。

师：穿山、凿壁的水啊，就是有志向的水。把这个词圈出来。（板书）

【第四部分】

师：看看课文出现第四次水。谁来读？

（生齐读：万物入水，必能荡涤污垢，它好像善施教化……）

师：不用我说，你们都知道，这一句说的水的特点是——

生：荡涤污垢。

师：要理解这句话，一定要理解这个词——"荡涤污垢"，什么意思？

生：把脏东西洗干净。

师：为了检查你是否真懂了，我来考考你，哪两个字表示洗？

生：荡涤。

师：哪两个字与干净的意思相反？

生：污垢。

师：你明白了这个词的意思！你用水洗过什么？

生：碗。

师：用文中的词来说就是——

生：荡涤污垢。

师：用这个词，很有文化啊，把肮脏的变清洁了，把污浊的变——

生：干净了。

师：把本来丑陋的变漂亮了，这就叫善施教化。

四个部分理解完，王老师引导学生们做了总结，并把水的特点提升到"君子"的高度。

师：同学们，我们通过自己的思考、朗读，发现在孔子的眼里，水有德行、有情义、有志向、善施教化。真正读懂课文的同学会明白，孔子要写的，并不是水，而是——

生：水是真君子。

师：三个字。

生：真君子！

师：这篇课文里，孔子说水不是水，而是真君子。因为在孔子眼中，像水一样，有德行的人，那才叫——

生：真君子。

师：像水一样，有情义的人，那才叫——

生：真君子。

师：像水一样，有志向的人，那才叫——

生：真君子。

师：像水一样，善施教化的人，那才叫——

生：真君子。

师：谁来读一读这段话？

（指生读。）

师：看到这真君子一般的水，想到水一般的真君子，怎不让人油然而生敬意呢？让我们再来读一读。（配乐）

（师生合作读。）

师：由此看来，水是——

生：真君子啊！

师生通过个别读、合作读等各种方式体悟课文中"水即君子"的概念之后，用小练笔的方式，进行了水的"君子之风"的进一步拓展。

师：孔子精心为弟子们设计的水这篇课文啊，让我们的心也为此深深触动。其实，孔子这篇关于水的课文也藏着一个秘密，我们已经在他的课堂里看到过。你们看，这里一半是他看到的，一半是他想到的。你能不能完成练习第二大题呢？

生答题：

看到_____，想到_____；

看到_____，想到_____；

看到_____，想到_____；

看到＿＿＿＿＿，想到＿＿＿＿＿。

师：谁来读一读自己的作品？

（生读，师及时纠正错误读音、字词。）

师：其实孔子这篇课文没有写完，一个省略号告诉了我们。

师：请你完成课堂练习第三大题：继续编写水的文章。在你的眼中，水又是怎样的？

（生编写。）

师：第三大题共四句，完成一句，合格；完成两句，良好；完成三句，优秀；完成四句，那就是"卓越"了。现在，让我们像孔子一样，遇水必观，看看在你的眼中，水又像什么呢？（挑选了五人）听听他们的作品。

生：水包容万物，不分高低贵贱、贫富美丑，它好像有胸怀。

生：水从不夸耀自己，总是处在最低点，它好像默默无闻。

（有毅力、乐于助人……）

师：我们像孔子一样遇水必观，发现水有——（指板书说）我们更知道，所有的品质在水中不仅是水，而是——（指板书：真君子）这真君子一般的水，这水一般的真君子，就是孔子为弟子们精心准备的课文。

整个过程因为老师的导引，显得扎实深入而井然有序。四个部分的教学方法各有侧重，显得精彩纷呈，更有水到渠成之感。

（作者：成都市泡桐树小学西区分校　马凡美）

名师对对碰及一线教师品析4

由说话看出 "人" 来
——四大人物语言品读探秘

一部优秀文学作品会留下令人掩卷不忘的人物形象，经典作品更是如此。人教版五年级下册"中国古典名著之旅"和"作家笔下的人"两组课文中有这样四篇：《草船借箭》《景阳冈》《猴王出世》《"凤辣子"初见林黛玉》，它们以改写、选编、节选等途径，呈现了四大名著较有代表性的章节。此时的学生已具有一定的阅读能力和鉴赏能力，诸葛亮的神机妙算家喻户晓，孙悟空的神通广大深入人心，武松打虎的故事人尽皆知，王熙凤其人其事略有耳闻。在有一定接触或是稍有理解的基础上，怎样突破定式、全面客观地解读人物，让人物形象在学生心中饱满丰盈，引发学生更好地赏析名著中的人物形象呢？让我们随着四位名师聚焦人物语言，看他们是如何依据文本特点引导学生由说话看出"人"来的。

王崧舟执教《草船借箭》：借"提示"观"自在"

师：我觉得这篇课文挺有意思，课文写"诸葛亮说"的地方一共有11处，前面诸葛亮说："水上交战用弓箭最好。"诸葛亮说："既然就要交战，十天造好必然误了大事。"诸葛亮说："我怎么敢和都督开玩笑，我愿立下军令状，三天造不好甘愿受罚。"都是"诸葛亮说、诸葛亮说"。我们发现，只有这个地方在"诸葛亮说"的前面加了一个"笑"字，"诸葛亮笑着说"。咱们一起来读一读。

（生齐读：诸葛亮笑着说："雾这样大，曹操一定不敢派兵出来，我们只管饮酒取乐，天亮了就回去。"）

师：是啊，你们研究研究看，你们觉得诸葛亮他在笑谁？

……

课文根据《三国演义》第四十六回"用奇谋孔明借箭 献密计黄盖受刑"中有关情节改写。"重复"在一般作家手里是唯恐避之不及的，罗贯中在诸葛亮的11处语言描写中，10次重复"孔明曰"，唯有最后一处加了个"笑"字。用惯常的思维去读，往往产生这样的想法：如果丰富或者变换人物的提示语可以更好地突显人物的性格特征，至少不会落入反反复复单调乏味的窠臼。读了原著借箭后诸葛亮和鲁肃的对话"亮于三日前已算定今日有大雾，因此敢任三日之限。公瑾教我十日完办，工匠料物，都不应手，将这一件风流罪过，明白要杀我。我命系于天，公瑾焉能害我哉！"恍然大悟，原来事情的始末、事态的发展一切都在诸葛亮的掌控之中。10次的"诸葛亮说"

小学语文名师同课异构课例赏析

看似平淡，实则为后面故事情节的发展蓄势，把人物的镇定自若、稳操胜券展现得淋漓尽致，仅有的一"笑"尽得风流。正如孙绍振老师指出的那样："草船借箭这样紧张的军事斗争，不可能万无一失，而孔明居然没有任何紧张情绪，作者的目的是为了强调人物的智慧超群。"王崧舟老师遵循文章的写法，引领学生关注作者的独具匠心，捕捉人物语言的特点，以"笑"引发对课文的理解品读，以"笑"深层次探寻人物的内心。学生联系鲁肃的吃惊、曹操的多疑、任务的完成、只管饮酒取乐，感悟"笑"的含义——笑鲁肃、笑曹操、笑周瑜、笑自己……这是宽厚的笑、讽刺的笑、胜利的笑、自豪的笑……一个羽扇纶巾、运筹帷幄的人物形象在谈笑风生间愈发明朗。

薛瑞萍执教《景阳冈》：凭"独白"知"性情"

师：武二郎提着梢棒，兴致勃勃地上了山冈，我们听到的，全是他的自言自语。看课本五、六、七三个自然段，把写武松心理活动的句子画下来，读一读，揣摩一下他心里怎么想的。同桌之间可以互相讨论。

（生自读，讨论。）

师：我们先看第五自然段中武松的心理活动。

（生读。）

师：他说这段话的时候，是因为看见什么了？

生：武松看见的是树上的字。

师：他想，这是谁写的？——肯定是店家写的。他认为这是店家使的诡计，是——

生：是店家吓唬那些胆小的人，可能就像他刚才想的那样，店家半夜就要图他的财，谋他的命。

师：所以他认为谁住店家的店，谁就是胆小的人。他曾经自负于自己的海量，曾经自负于自己的武功，现在又自负于自己的——

生：胆大。

师：看"谁怕谁就是胆小鬼"这句话后面是什么标点符号？

生：感叹号。

师：这是一种轻蔑，我们齐读这句话。

（生齐读。）

师：看第六自然段，又有一段心理活动，谁来读？

（生读。）

师：刚才的感叹号，我们感觉武松就像吃了兴奋剂一样。现在为什么没有了？

生：因为这次他真看见了官府的印，他知道这是官府的榜文，我觉得他有点害怕了。

师：哦，有点害怕了，他为什么不回去？

生：因为他死要面子，他觉得如果回去肯定会被店家耻笑的。

师："怕什么？只管上去，看看再说。"他看见的，不是关在笼子里的虎，而是山间的虎，是饥饿的虎。如果是我，如果是你们，看见了老虎就是看见了什么？

生（思索了一会儿）：死神。

师：是死神，是死亡。武松却说，我先看看再说。接着看课文，刚才武松还是将信将疑，可是走着走着，感叹号又冒出来了，谁读？

生：哪儿有什么大虫！是自己害怕了，不敢上山！

师：对，哪里有什么大虫？我没看见哦！所以，武松上山是因为——他坚信山上没有老虎。

……

《水浒传》的伟大成就之一是，哪怕是具有超人神力的英雄，他的情感也不是超人的，而是实实在在的。《景阳冈》是根据《水浒传》第二十三回选编的，课文记叙了武松在阳谷县的一家酒店内开怀畅饮后，趁着酒兴上了景阳冈，赤手空拳打死猛虎的故事。大多教师会把关注点集中在"武松打虎"这一重头戏上，老虎是怎样"一扑、一掀、一剪"，武松是如何"闪、揪、按、踢、提、打……"，以虎的猛衬托出武松的勇。薛老师"理清文章脉络，了解武松成为英雄的原因"，再"研究武松性格，知道性格如何推动他成为英雄"的，在人物的语言描写上着力，重点品议上冈前的三次"自言自语"。"最上乘的文章是自言自语"，最能揭示人物真实、隐秘的内心世界的言语应该也是独处时的自思、自语。学生在武松的三次独白中沉潜，随着语言的变化、标点的转换在武松的思想、性格间起起伏伏，触碰人物那时的情和感：不相信店家的好言相劝，以为人家要赚他的住宿费甚至可能想谋财害命，看到官府的榜文有点害怕但又不愿意回去被人耻笑，打虎的行为是在危险情境下的应激迸发，武松在学生心目中的形象不再仅仅是定式中的高大威猛、英勇豪放、无所畏惧，而是有点自负、有点猜疑、有点害怕……"优点缺点一个人"的武松是真实的，这样的打虎英雄才是有血有肉，有真性情的。

王春燕执教《猴王出世》：从"形式"得"个性"

师：建议你们再读读猴子的语言，读读他说的话，看看有什么新的发现。

生：我进去！我进去！

师：你们发现了什么？

生：他觉得自己无所不能，"我进去"，我就一定能出来。我就是猴王了！

师：如果换一种写法，还会不会有这样的感觉呢？（出示：我进去吧！我进去吧！）

生：感觉强人所难、犹豫不决、被逼进去……

师：难怪有一位大师说，一流的作品和二流的作品，往往只差几个字。像这样描写石猴的语言，还有很多。再读读，谁读到了？

生：石猴喜不自胜，急抽身往外便走，复瞑目蹲身，跳出水外，打了两个呵呵道："大造化！大造化！"

师：什么是大造化？

生：这里指运气。

师：不用受老天之气了，怎么读它呢？

（生读。）

师：还有吗？

生：众猴把他围住，问道："里面怎么样？水有多深？"石猴道："没水！没水！"

生：石猴却又瞑目蹲身，往里一跳，叫道："都随我进来！进来！"

师：请关注这个"都"字，建议加上动作读这句话，你又看到了什么样的石猴？

生：我读到了猴王非常有自信，有勇气，毛遂自荐。

生：大胆、勇敢。

……

课文节选自我国古典神话小说《西游记》第一回，王春燕老师依据"石猴是从哪儿来的，又是怎么成为猴王的"这一写作线索铺开教学，引导学生发现语言形式上的特点。细细琢磨猴子的话，从而发现这只猴子天生具有成为猴王的异秉。"我进去！我进去！""大造化！大造化！""没水！没水！""都随我进来！进来！"……内容的反复、节奏的短促、标点的强调，把一个"顽皮可爱、活泼跳跃"的猴子形象呈现出来。通过句式的比较，学生触摸到"怎么写"的真谛。多了一个"吧"，在音律上不仅有平仄的区别，更会大大削弱石猴的那种冲劲；少了"都"，猴王就没有了胸怀他人的王者气势。增一字则太繁，减一字则太简。精准的语言把一个自信勇敢、敢作敢为的猴王形象呈现出来。"言语的内容固然有言语主体的投影、心灵的映现，但言语的形式更能真实地表现出一个人的心灵世界、精神个性。"发现语言表达和遣词用字秘妙的同时，一个集动物性、人格化和神话色彩为一体的猴王形象就已活灵活现地出现在眼前了。

吉春亚执教《"凤辣子"初见林黛玉》：由"三分"及"七分"

生：一语未了，只听后院中有人笑声，说："我来迟了，不曾迎接远客。"

师：表面看真是放诞无礼，其实黛玉也看出来了。其实啊，她还别有用心呢！你能读出来吗？细细地去品味。

师：请一位同学来读一读王熙凤热情周到所说的话。

生：（朗读）妹妹几岁了？可也上过学？现吃什么药？在这里不要想家。想要什么吃的，什么玩的，只管告诉我。丫头老婆们不好了，也只管告诉我。

师：一下子问这么多的问题，说明了什么？说给谁听啊？

生：说给黛玉听，说给贾母听，说给身边人听……

师：多会说话啊！哪里是不拘小节啊，方方面面考虑得多周到啊，一句话既要炫耀自己的地位又要讨黛玉喜欢，又要讨好祖宗啊！这王熙凤可了不得，你们刚才说她能说会道，能够让很多人听了都喜欢呢！

（请一生读屏幕上蓝色的部分。）

生：天下真有这样标致的人物，我今儿才算见了。况且这通身的气派，竟不像老祖宗的外孙女儿，竟是个嫡亲的孙女。怨不得老祖宗天天口头心头，一时不忘。只可怜我这妹妹这样命苦，怎么姑妈偏就去世了。

师：这番话太有味道了，有哪些人听了会很开心呢？

……

王熙凤第一次出场从外貌打扮上恍若神妃仙子给读者留下"漂亮、富贵"的印象，单看提示语"只听见后院中有人笑声，说""因笑道""忙转悲为喜道"，当真是"丹唇未启笑先闻"。如此一个笑意盈盈的人很容易让人觉得她"不拘小节、热情周到"。吉春亚老师引导学生带着初见时的美好，发现说话背后的"别有用心"。一步一步走近后，对比着小说中的场景和其他人的表现，发现与"众人的敛声屏气、恭肃严整"相比，这声音在气势上已放肆地先声夺人了，读着读着，"放诞、威严"流露出来。学生由"三分热情"揣摩出话外隐藏的"七分妙蕴"：王熙凤是在做表面功夫，真正的目的是炫耀自己在贾家的掌权位置和见多识广，更重要的是投他人所好尤其是讨老祖宗的欢心。王熙凤的语言看似家常无他，实则精妙绝伦。泼辣张狂、阿谀奉承、见风使舵、使权弄势的人物形象在话里话外呼之欲出。

人物对话可以推动故事情节发展，交代作品中的背景材料，揭示人物之间的关系，好的对话更能呈现出性格鲜明的人物形象。在《看书琐记》一书中，鲁迅很赞赏《水浒传》和《红楼梦》小说中的人物对话，认为它们"是能使读者由说话看出人来的"。四位名师在引导学生关注人物形象时，紧紧抓住人物语言和文本特质，或是从提示语，或是从内心独白，或是从语言形式，或是由表及里，凭借人物的"说话"对人物形象进行揣摩、推敲。入乎其中与言语发生共鸣，又出乎其外感受心理踪迹，在出入往复间彰显言语对象的独特之处，探出人物的形象端倪。

（作者：安徽省宿州市埇桥区第十二小学　葛　莉）

一、来，我们做做游戏

以文字写成的文章其实在某种程度上是一种文字游戏，而读者阅读文本，其实也是一种学习活动的游戏，阅读教学的过程当然也可以是游戏的过程。我们看到，在下面的案例中，于永正和窦桂梅老师都十分擅长运用游戏的方法教学。于老师故意在手里写一个字，让孩子们也写一个字，就像小朋友们"对暗号"一样，孩子们自然十分喜欢。为了这个字，他们一定会仔细阅读文本，并对故事内容进行凝练。游戏还不止于此，对上了"让"之后，于老师又带领大家围绕"让"字做起了游戏，于是孩子们越读越深，"礼让""宽让""谦让""忍让"这些词的诞生，就是孩子们在游戏中精读课文的成果。窦老师则干脆采用表演的形式，一步一步让孩子们感悟在写作中展示人物性格的方法。

当然，于老师和窦老师采用的都是"高级"的游戏，这种游戏一定是以"语言的感悟"为规则的。正如伽达默尔所说，在游戏中，孩子们会暂时失去自我，而成为游戏本身的一部分，进入一种陶醉的状态。因此，在游戏中，孩子们所有的表现都是投入的，也因此游戏往往会呈现"胶着"的状态。在阅读中，孩子们的这种游戏"胶着"，则是一种思维的"胶着"。这种状态难道不是听课老师想看到的吗？

名师对对碰及一线教师品析 *1*

"让" 与 "打"，一样的精彩
——于永正、窦桂梅执教《林冲棒打洪教头》片断赏析

《林冲棒打洪教头》一课选自苏教版五年级上册的一篇课文，是根据我国著名的古典小说《水浒传》中的有关内容改编而成。全文紧紧围绕"比武"这一中心，以动作、语言等描写来刻画林冲、洪教头的性格特征。特别是课文的第七自然段，更是将林冲棒打洪教头的场面淋漓尽致地展现出来。这篇文章的课眼是"打"，这"打"体现的是一生充满矛盾的林冲的性格缩影。作为名师——于永正、窦桂梅都不约而同地选择这段进行精心雕琢，他俩真正走到了林冲的心里，"打"出了味道，"打"出了力量，"打"出了性格，进而"打"出了不一样的教学风格。

于永正教学片断——"让"出人物的独特性格

师：林冲说的每一句话，他的一言一行，告诉我们他的为人怎样？表现在他身上最大的特点是什么？一边读一边画，做记号，做了，就会引起你的思考。

（生自由读第七自然段。）

师：林冲只是拿起棒来一扫。在他的为人处世和性格中，有一个非常突出的特点，非其他人能比，也非其他梁山好汉能比。用一个字概括。我把这个字写在手心里。

（巡视时，与老师写出同一字的，老师便会拉起他们的手说："知音啊。"）

生：忍、礼、宽、谦、让。

（师板书：让是一种美德。）

师：大家看，一个"让"字概括了林冲的为人和人品。

（生齐读。）

师：有好多种的"让"。读第一节的前六行，写的是什么"让"？

（板书：躬身施礼、起身让座）

生：礼让。

师：下面又是一种"让"，这是一种什么"让"？试想一下，洪教头把林冲骂得狗血喷头，他还说"不敢，不敢"，这四个字可不那么好说的啊。换作是鲁智深、武松，会怎么样？（板书：不敢不敢）

生：忍让。

师：这是一般人难以忍受的。"忍"字怎么写？心上插着一把锋利的刀啊。忍让需要人很高的修养。

（生齐读第四自然段。）

师：你看洪教头气势汹汹，卖弄自己，大叫"来来来"。林冲"只好""请教了"，画出来，从"请教了"三个字当中，从"只好"这一词当中，这又是一种什么"让"？（板书：只好请教了）

生：谦让。

师：谦让，这又是什么胸怀？刚才被骂得狗血喷头。他牢记一个字，做人要"让"。

（生读第七自然段。）

师：读得好。注意这个字，我把它写下来。（板书：扫。）

（生读。）

师：林冲见洪教头脚步已乱，没有劈头盖脸地打，而是"扫"。看插图。

师："扫"字写出了打的力量怎样？

生：轻轻地打。

师：林冲的棒是贴着地面扫过去。从"扫"字当中，你又能看出林冲这是什么让？有同学能说好它吗？

（生再读。）

师：这又是什么"让"？后退一步天地宽。这是什么"让"？

生：宽让。

师：太好了！林冲的为人中，最突出的是一个"让"。这才是真男子、真英雄、真好汉。小说是写人的，因此我们要读懂小说中的人。

在这个教学片断中，于老师特别抓住了"让"字细细考究，引领学生细细品味文字，抓住重点词语来感悟人物形象，理解林冲的性格特征。又将一个"让"字细分为"礼让、忍让、谦让、宽让"。这四"让"，"让"出了林冲的人品，"让"出了中华传统美德温良恭俭的精髓，"让"出了于老师化复杂为简单的高超，"让"出了课堂的精彩纷呈。值得注意的是，当学生回答遇到困难时，他没有急于将答案告知，而是围绕这个"让"字，引领学生再默读、思考，步步深入，披文入境。

一个"让"字，让我们看到了于老师把握文本、把握人物、把握学生的"慧眼"。

窦桂梅教学片断——"打"出故事的精彩纷呈

师：话都讲到这份上了，一场打斗在所难免！让我们朗读他们打斗的动作。

（生自由读第七自然段。）

师：听你们一读，那可真是"人如猛虎，棒赛欢龙"。我们先看第一回合。

（生朗读第一、二句。）

师："把火烧天"是个怎样的招式？

生：很用力地拿棒一捅。

师：棒是从头上来还是直接这样做？

生：那可是举着棒在头上，像燃烧着的火把，滚滚而来，扑向林冲。

师：好！把你的理解送到这个动作中去，再读这个招式！

（生朗读：洪教头恼恨林冲，又想赢得这锭银子，便用了浑身的功夫，使出个"把火烧天"的招式。）

师："拨草寻蛇"又是个怎样的招式？

生：拿着棒对着洪教头的腰扫过去。

生：不是打草惊蛇，而是投石问路，引蛇出洞。

师：把你的理解送到这个动作中，就读这个招式！

（生朗读：林冲把棒一横，还了个"拨草寻蛇"的招式。）

师：把这两个招式送进第一回合，加上动作表演读！

（生加上动作表演朗读：洪教头恼恨林冲，又想赢得这锭银子，便用了浑身的功夫，使出个"把火烧天"的招式。林冲把棒一横，还了个"拨草寻蛇"的招式。）

师：洪教头第一棒刚猛霸道，林冲招架之式只是"一横"（加红），只是接招没有出击，也是知礼啊。（又一次回扣板书）

师：胜负未分，怎能罢手？第二回合继续！

（生朗读：洪教头跳起来大喊："来！来！来！"举起棒劈头打来，林冲往后一退。）

师：注意，洪教头这回可是"劈头打来"（加红），势如猛虎下山，力若泰山压顶，谁来读？

（生朗读得仿佛泰山压顶。）

师：这招式之中，洪教头还是那样——

生：骄横。

师：还是那样——

生：狂妄。

师：还是那样——

生：无礼。

师：再看林冲第一回合是"一横"，现在是"一退"（加红）。这一重、一轻，对比着再来读！

（生朗读出对比的语气。）

师：这"一退"也是一种忍让啊。（又一次回扣板书）行家一伸手，便知有没有。该出手时就出手！快看第三回合——

（生朗读：洪教头一棒落空，他一个踉跄，还没有站稳脚跟，就又提起了棒。林冲看他虽然气势汹汹，但脚步已乱，便抢起棒一扫，那棒直扫到他的小腿骨上。）

师：一场惊心动魄的打斗，一个"一扫"（加红）的动作就结束战斗了。也是一种谦虚。结果呢？

（生朗读：洪教头措手不及，"扑"的一声倒在地上，棒也甩出老远。众人见此情景，哈哈大笑起来。)

师：瞧，这就是棒打洪教头的精彩瞬间。(出示图片) 这真是说时迟，那时快。(配乐) 这一场打斗不过三个回合！让我们再次朗读，仿佛亲临这精彩的镜头！

(生朗读第七自然段。)

师：书读百遍，其义自见。这堂课，我们通过朗读人物的外貌、语言、动作，对他们的理解就跳到了我们的面前。于是，我们这堂课就有了一个共识，通过朗读获得了理解，也可以说——

生：朗读就是理解。

如果说于老师的课是围绕一个"让"字咀嚼文字，斟酌词句，演绎精彩的话，那窦老师的课则将文章的题眼"打"字展现得栩栩如生，如身临其境。这"打"，文章写得简洁明了，窦老师讲得"斩钉截铁"。她把林冲和洪教头两个人物放在一起对照、比较，通过朗读、表演，创设情境，引领学生与文本对话，走进林冲内心，如层层剥笋，让学生透过诸多的现象逐渐地靠近了事物的本质。

从上述两则教学片断足可以看到"打"与"让"的异曲同工之妙，更从文本解读与教学方法方面给了我们深深的启迪。于老师从人物精神着眼，让学生深入人物内心世界，对人物性格的不同侧面进行精确探究，让孩子形成对人物的"同情"，并与文本作者形成共感。窦老师则从叙述表现入手，着一个"打"字，再现故事场景，并让孩子们通过朗读进一步深刻体验，最终孩子们对文本意义和人物性格心领神会。不同的文本解读，产生了一样的效果。大师教学艺术竟是如此灵动！

(作者：江苏省扬州市维扬实验小学　卞国湘)

名师对对碰及一线教师品析 2

同样的教法，一样的精彩

——支玉恒执教《只有一个地球》、于永正执教《林冲棒打洪教头》教学片断赏析

我认真观看了小语名师支玉恒老师执教的《只有一个地球》和于永正老师执教的《林冲棒打洪教头》教学视频，发现两位名师教学过程中有许多相似的教学方法，收到同样的教学效果，课堂上不时绽放出精彩的火花，使我们领略到教学是一门艺术，更是一种享受。

收获一：猜测，兴趣倍增

支玉恒老师教学片断

师：大家读的时候思考一个问题：待会儿老师会问大家一个什么问题？如果有一个同学猜着了我要提的问题，那么，我立刻鞠躬，下台。敢跟我打个赌吗？

生：敢。

生：老师是不是要问地球有多美丽啊？

师：这个教材已经写明白了，我不会问的。

生：老师是不是要问地球受到了什么样的环境污染啊？

师：这，教材也写明白了，我也不会问的。

生：哦，老师要和我们一起讨论怎么样保护地球、保护环境？

师：我今天上的是语文课，我没有能力讨论这个。没猜中，对不起，咱们握握手。谁接着猜？

生：课文中有一句话："我们这个地球太可爱了，同时又太容易破碎了！"作者为什么这么说？

师：这个问题提得好，我的一只脚已经站在了讲台的边缘。但是这不是我要提的问题，我又回到了讲台上，再加一把劲，你们就能够猜到了。

……

于永正老师教学片断

师：林冲给你留下什么印象？班长过来，我知道同学们怎么说。（悄悄地说给班长听）你觉得林冲这个人怎么样？

生：武艺高强。

师（问班长）：我是不是这样说的？因为一眼就看出来了。三年级学生也会这么说。武艺超群是不是就是好汉，就是英雄？林冲还是个怎样的人？（又说悄悄话）

生：是个谦虚的人、懂礼貌的人。

师：深藏不露。这一眼也可以看出，不用思考。武艺高强，不到几个回合就打败洪教头。有礼貌，请你再读一读。

生：连忙站起来躬身施礼，起身让座。

师：武艺高强，有礼貌，是好汉。

师：读读课文，这些一眼就看出来了。那么，在林冲身上，他的为人，他的人品，最可贵的是什么呢？我读了很多遍读出了一个字。我把这个字写在手心，你们猜猜老师写的一个什么字呢？要想猜出这个字，请大家认真地默读第三、四、七自然段。在字里行间找一找，想一想林冲的为人、人品、性格，与梁山的其他好汉不同。静下心来读，不要放过任何一个字，在宁静中，在思考中。读而思，思而读。

（生默读。）

师：林冲说的每一句话，他的一言一行，告诉我们他的为人怎样？表现在他身上最大的特点是什么？一边读一边画，做记号，做了，就会引起你的思考。

（生读第三自然段。）

师：林冲连说"不敢不敢"，你觉得林冲的为人怎样？其他同学耳朵听，眼睛看，脑子想。

（生读第四自然段。）

师：请教了。洪教头说话什么语气？后面什么标点符号？表现洪教头是一个怎样的人？再看林冲的为人和人品怎样？

（生读第七自然段。）

师：一个气势汹汹，把火烧天，进攻的姿势，一个防守的姿势。

（生接着读。）

师：林冲只是拿起棒来一扫。在他的为人处世中、性格中，有一个非常突出的特点，非其他人能比，也非其他梁山好汉能比。用一个字概括。我把这个字写在手心里。

生：忍。

生：沉。

生：快。

生：稳。

师：再读，读第三、四、七自然段。课文里有，出现好几次，只有会思考的人才会发现。思考最重要。思则得之，不思则不得也。想出来了吗？

生：让。

（师最后让学生看老师手心里的字，再大声告诉同学。）

师：写"让"的同学站起来。写"忍"的同学也了不起。

（师板书：让是一种美德。）

师：大家看，一个"让"字概括了林冲的为人和人品。忍，不能算是好汉。人品是最重要的。

两位特级教师虽已年迈，却童心未泯，他们深知小学生的年龄特点和心理特点，并满足他们的心理需求，教学中不约而同地采用猜一猜的教学方法。支老师要求学生在读了三遍课文后猜猜老师会提一个什么问题，而于老师先把学生要说的词语与班长耳语了一番，再让学生猜猜老师是否猜中了学生所说的词语，接着再次运用猜谜法请学生猜猜老师手心里写的一个字，充分激发了学生的好奇心与好胜心。一波未平一波又起，学生兴趣盎然。为了能猜中老师所想、所说、所写，学生再次回归文本，认真读课文，有的凝神思考，有的动笔圈画，有的议论纷纷，有的跃跃欲试。在专心致志地读书中加深了理解与感悟，在兴致勃勃的猜测中，学会了质疑问难。

收获二：尊重，多元理解

支玉恒老师教学片断

先后有 7 位同学猜想老师可能会提的问题，都没猜中，最后老师道出了所要提的问题——读了这篇课文以后，酸、甜、苦、辣，你心里是哪一种滋味？

生：我感觉是苦的滋味。

师：哪一段使你有"苦"的感觉，你就"苦苦"地读出来，大家听听他读得够不够"苦"。

生：人类生活所需要的水资源、森林资源、生物资源、大气资源，本来是可以不断再生，长期给人类做贡献的，但是……

（该生读得欠入情，教师示范读，并向学生询问："我们俩谁读得苦？"该生再读，渐好。）

生：我觉得有点酸……（该生读"人类还无法到别的星球谋生存"的段落，读毕说出感觉有点"酸"的原因。）

生：我觉得有点甜……（该生读宇航员在太空遨游时所看到的地球晶莹透亮的情状，读毕说出感觉有点"甜"的原因。教师提示他还可读得更"甜"一些，然后又引导同学们"甜甜"地读出来，最后还要求同学们背诵该段。）

师：还有什么滋味？

生：我觉得还是苦的味道多……

于永正老师教学片断

师：请大家读第三自然段前五行。

（生齐读。）

师：高度概括，但有好多种的让。读的五行，写的是什么让？前面加个字。

生：加一个"谦"字。

师：这里还不到谦虚，只是出于一种礼貌。

生：礼让。

师：齐读。

（生齐读：林冲转身一看……）

师：是不是出于一种礼貌？这种让是礼让。听老师读下面的，下面也是一种让。这是一种什么让？试想一下，如果林冲是鲁智深、武松，会怎么样？

生：打他。

师：出言不逊，出口伤人，污辱人格。这是一种什么让？

生：忍让。

师：这是一般人难以忍受的。非常了不起，这是一种什么胸怀、境界？设身处地地想一想，可林冲忍了。

（生读第四自然段。）

师：你看洪教头气势汹汹，卖弄自己，大叫"来来来"。林冲"只好"，画出来，从"请教了"三个字当中，从"只好"这一词当中，这又是一种什么让？

生：谦让。

师：谦让，这又是什么胸怀？刚才被骂得狗血喷头。他牢记一个字，做人要让。后退一步，海阔天空。记住这些至理名言。还有谁没读书？（送话筒，扶肩）

（生读第七自然段。）

师：读得好。注意这个字，我把它写下来。（板书：扫。）

（生读。）

师：林冲见洪教头脚步已乱，没有劈头盖脸地打，而是扫。看插图。

师：林冲的棒是贴着地面扫过去。从"扫"字当中，你又能看出林冲这是什么让？前面洪教头如此无礼，气势汹汹，非把林冲结果了。可林冲没有以牙还牙，而是一扫。用的劲大吗？劲大会怎样？

生：会打折了。

师：从后面可看出。

生：灰溜溜地走开了……

师：他还能爬起来能走，足见林冲用劲不大，没有朝死里打。难了。听于老师读。

师：知道这是什么让了吗？举手太少，再读。

（没有急于将答案告知，而是引领学生步步深入，披文入境。）

（生再读。）

师：这又是什么让？举手告诉大家都在思考。

生：退让。

师：林冲把棒一扫，只是打倒，没有打伤，没有以牙还牙，手下留情，见好就收。手下留情叫什么让？

生：故让。

师：什么叫"故让"？

生：故意让。

师：后退一步天地宽。这是什么让？

生：宽让。

师：得饶人处且饶人。林冲的为人中，最突出的是一个让。这就叫英雄。小说是写人的，因此我们要读懂小说中的人。

（出示：夫子温良恭俭让以得之……让是一种美德，让是一种胸怀，让是一种境界。林冲作为80万禁军教头，他真的是一个英雄，不仅武艺高强，而且人品高尚，让人称道，流传至今。）

两位名师都能独辟蹊径，高屋建瓴地提出了一个统领全文的问题，涵盖面广，思维空间大，"答域"比较宽，非常有利于学生创造性地思考问题。"一千个读者就有一千个哈姆雷特。"学生再次与文本亲密接触，潜心会文，情感的体验因人而异，答案也百花齐放。大家充分地表达与交流，相互补充，获得共同的学习经验。两位老师都十分珍视学生的独特感受，只要学生言之有理、言之有据，都给予充分的肯定，凸显了"以人为本""阅读是学生的个性化行为"的课改新理念。

在支老师的课上，有的学生说同样的一段别人感到甜，可他感到酸，支老师尊重他的体验，问他为什么。他说："老师听我读。"他就读起来了："美丽的……"支老师亲切地说："你看多美呀，你为什么却偏感到酸呢？"他说："正因为它美，可今天却遭到人类这样的破坏，所以我更感到心酸。"这正如支玉恒老师所说——"学生从内心感到有收获才是根本"。

整个课堂"读占鳌头"，两位老师都给了学生充分的时间去读，去说，去想。支老师一方面让学生体会着读出酸甜苦辣等不同滋味，一方面用他那指挥家般的手势将学生带到一浪接一浪的如痴如醉的朗读中。于老师引导学生走进文本，把书读好，从读中仔细斟酌、反复推敲，体会出其他梁山好汉所不能比而林冲独自具有的美德、胸怀和境界：礼让、忍让、谦让、退让和宽让。两位老师始终以学生学习伙伴的身份出现，与学生共同研究探讨，课堂的学习氛围非常融洽。当学生遇到困难时，两位老师准确而又恰到好处地发挥了主导作用，如当学生读书读得不到位时，他们都给予示范，学生在老师榜样的影响下心领神会，读得越来越好，高潮迭起，让我们不得不为两位名师深厚的文化底蕴、扎实的教学功底而叫好！

（作者：江苏省扬州市江都区宜陵中心小学　孙桂琴）

二、来，我们一起走向愿景

　　孩子们都是带着学习的欲望走进课堂的，孩子们喜欢在有意义的事情上投放他们永远也使用不完的精力。聪明的语文老师总在上课之前就给孩子们一片美好的愿景，给孩子们一个"梦想"，从而让孩子们饱尝实现梦想的快乐。看薛法根老师的《匆匆》教学视频，他是这样给孩子们一个美好的愿景的："时间是个很奇怪的东西，看得见吗？摸得着吗？看不见摸不着的事物是很难写的。但是朱自清却把时间写得有模有样，让你感觉得到时间的匆匆脚步。现在我们来看，他怎么写时间？八千多日是如何匆匆而过的？读读第二自然段，有没有发现？"是啊，朱自清先生是如何"把时间写得有模有样，让你感觉得到时间的匆匆脚步"的呢？景洪春老师则让孩子们先知道，有一段文字可以像诗一样地理解，一样地朗读呢！赵昭老师则让孩子"找出描写时间匆匆流逝的词、句，仔细读一读。从这些词、句中你品味出了什么？"孩子一定会认为，只要"读一读"就一定会"品"出什么来。可以想象，在这样的过程中，孩子们一定是有向往的，一定是快乐的。听课老师看到孩子们探索的场景，也一定是快乐的。

名师对对碰及一线教师品析

八千多日子与一滴水

——薛法根、景洪春、赵昭《匆匆》教学片断赏析

　　《匆匆》是朱自清写的一篇脍炙人口的散文。文章紧扣"匆匆"二字，细腻地刻画了时间流逝的踪迹，表达了作者对时间流逝的无奈和惋惜。文中

鲜明的比喻和对照，起了有力烘托内在潜思的作用。作者在第二自然段中用"针尖上一滴水"和"大海"这两个鲜明的物象来比照"八千多日子"和"长存的宇宙"，给人以强烈的冲击感。尽管文章的每一句都值得玩味，但著名特级教师薛法根、上海名师景洪春和获得第九届全国青年教师阅读教学比赛特等奖的黑龙江赵昭老师在处理第二自然段时，都没有轻描淡写，而是紧扣这几个物象做文章，讲出了不同的精彩。

薛法根老师教学片断

师：时间是个很奇怪的东西，看得见吗？摸得着吗？看不见摸不着的事物是很难写的。但是朱自清却把时间写得有模有样，让你感觉得到时间的匆匆脚步。现在我们来看，他怎么写时间？八千多日是如何匆匆而过的？读读第二自然段，有没有发现？

生："在默默里算着，八千多日子已经从我手中溜去；像针尖上一滴水滴在大海里，我的日子滴在时间的流里，没有声音，也没有影子。"这个句子让我感受到八千多日子是非常匆匆的。

师：具体说说。

生：时间过得非常快，像针尖上一滴水滴在大海里，滴水是非常快的，日子过得像滴水一样，可见日子过得多么快。

生：我从"八千多日子已经从我手中溜去"中这个"溜"字看出来日子过得很快。

师：有眼力！把这个字圈出来。"溜"除了表示快，有什么样的意味？

生：还表达了不能挽留。

生：悄悄地，让人感觉不到的。

生：我从"没有声音也没有影子"看出他"溜"得很快。

师：是的。我们想象一下，八千多日子，整整24年，是漫长的还是短暂的？

生：很漫长的。

师：如此漫长的时间，他现在说成是针尖上的一滴水，你觉得时间是多还是少？

生：少。

师：滴到大海里是快还是慢？

生：快。

师：明白了吗？这种手法是比喻，也是夸张。他是夸大了还是夸小了？

生：夸小了。

师：请你圈出来——滴水。八千多日子就像一滴水，滴答一下，24年过去了；滴答一下，24年又过去了；再滴答一下，24年又过去了；再滴答一下，你的一生就没了。于是你的头上就要冒汗了，你眼泪都要流出来了，为什么呢？

生：可怕！

生：觉得时间过得太快了，转眼间我就要回去了。

师：是啊，滴答了几下就永远地回去了。

生："头涔涔"看出他开始急了，"泪潸潸"看出他感到非常遗憾，所以才哭了。

师：体会得很真切！转瞬即逝的时间让他害怕，你们怕死吗？

生：不怕。（众笑。）

师：真勇敢！（众笑。）

生：我也感受到了作者对时间的无奈。

师：说得真好！无奈啊，它要滴了，你说不要滴了，行不行？（生齐答：不行。）还是滴掉了，滴在时间的流里了，八千多日子成了一滴水。看不见的时间成了一滴看得见的水。谁来读第二自然段？要读出作者内心那种复杂的情感，无奈、焦急，甚至有点害怕、恐惧。

（生有感情地朗读。）

师：读得真好！因为你体会得真切！八千多日子如一滴水，无声无息，无影无踪，不知不觉，匆匆而过。

《匆匆》的言语形式的"秘密"在于把抽象的时间具象化了，把本来看不见、摸不着、感觉不到的时间写得形象可感。对于学生来说，时间一去不复返，不要虚度光阴等等，都是已知的常识和道理，无须多教。而对于本文的语言的具象化，学生靠自己的阅读感悟很难体会表达之妙。

薛老师采取了由表及里、步步深入、形象演绎等方法让学生有了刻骨铭心的理解。先引导学生找到这句话，接着让学生从动词"溜"，比喻和缩小性夸张修辞手法的运用等方面来初步体会。在学生有了初步感受之后，薛老师便与学生一起运用生活化的方式体察"匆匆"：滴答，24年（八千多日子）过去了；再滴答，24年过去了；再滴答，24年又过去了；再滴答，一生就过去了。这样幽默而又智慧的演绎让学生深刻而形象地理解了"一滴水"的美妙与传神，真正体会了作者的表达之妙。

景洪春老师教学片断

师：第二自然段也可以用诗的形式来呈现。

（课件出示：

在默默里算着，八千多日子已经从我手中溜去；像针尖上一滴水滴在大海里，我的日子滴在时间的流里，没有声音，也没有影子。我不禁头涔涔而泪潸潸了。）

师：刚才这个同学将生字的字音读得很准。（相机指导写"涔、潸"。）

师：课前预习过课文，"涔"和"潸"分别指什么？

（生交流：涔，积水。潸，流泪。）

师：泪、汗等不断地流下，潸潸形容流泪不止。那"头涔涔""泪潸潸"又是什么意思？

生："头涔涔"意思是头上的汗水不断地流下。"泪潸潸"是流泪不止。

师：有一个成语也是讲"泪潸潸"的。

生：潸然泪下。

师：老师现在就是"头涔涔"，因为灯光照着，很热。而朱自清先生为什么头涔涔，并泪潸潸？

生：朱自清害怕他二十几年的日子已经过去，他不知道自己还剩下多少日子。

师：刚才这位同学说道，二十几年的日子已经过去，课文中怎么说的？

生：八千多日子。

师：比较一下，为什么作者不用24年，却要用八千多日子呢？

生：更显得数字大，逝去的年月多，更让人惋惜。

师：你说得这么好，我奖励你再读这一句。

（生再读：八千多日子已经从我手中溜去。）

师：注意，在这儿已经换行了，是一种停顿。

（生再读：八千多日子已经从我手中溜去。）

师：停顿是一种情绪，是把自己放进去的过程。

（生齐读：八千多日子已经从我手中溜去。）

（指名练读：我不禁头涔涔而泪潸潸了。）

师：刚才我们通过朗读渐渐走进作者的内心世界，作者的感慨又通过我们的朗读表现出来了。

"教学千法读为本""三分文章七分读"。景老师主要采取了朗读的方法来帮助学生体会作者表达之妙。她先将第二自然段换成诗歌的形式呈现，长短句交错，形成抑扬顿挫的节奏感和音乐美，便于学生朗读。随后紧扣"头涔涔而泪潸潸"一句，运用比较、揣摩等方法让学生领悟时间之无情，生命之短暂。接着老师追问："为什么作者不用'24年'，却用'八千多日子'呢？"并借助诗的形式带着学生朗读"八千多日子已经从我手中溜去"，可以看到，学生的语速渐渐放慢，对"溜去"的理解也渐渐深入，作者的悲恐之情不断和学生产生着共鸣。这时景老师不失时机地告诉学生："停顿是一种情绪，是把自己放进去的过程。"这样指导朗读一切水到渠成。

赵昭老师教学片断

（师出示"品读助手"。）

师：谁来为大家读一读？

（生读：1. 找出描写时间匆匆流逝的词、句，仔细读一读。2. 从这些词、句中你品味出了什么？在书上批注。3. 把你的感受与同学们交流、分享，用朗读展示。）

师：这里的"什么"，既可以是你品味出的情感、感悟出的道理，也可以是你发现的文章的表达方法、修辞手法。你可以把这些发现简单地写在课文旁边，也可以概括成词或短语写在黑板上。给大家5分钟时间，要求真读、真想、真思考，不装样子。

师：那么接下来，谁来和大家交流一下第二自然段？

生："在默默里算着……我不禁头涔涔而泪潸潸了。"这是一个比喻句，表达出了作者因为留不住时间而感到非常伤心。

师：这句中把什么比喻成什么？

生：把"日子"比喻成"一滴水"。

师：那么又是多少日子和什么样的一滴水呢？

生："八千多日子"和"针尖上的一滴水"。

师：（多媒体出示针尖上的一滴水）这就是针尖上的一滴水，你觉得这八千多日子留得住吗？

生：留不住！

师：那我们就让它落下来吧。（课件出示水滴落下来的慢镜头，并伴有"滴答"声）

师：我们来读这两句话。

（生读：像针尖上一滴水……而泪潸潸。）

师：如果这滴水滴在这样波涛汹涌的大海里，还能听见声，看见影吗？（播放一滴水滴到大海里的视频）

生：不能！

师：那我们应怎样读这段话呢？

（师范读第二自然段，掌声。）

（生齐读第二自然段。）

赵老师在处理这一段时，有两点值得肯定：一是"品读助手"的运用，提示了自学、群学的流程和方法，留足了时间让学生真读、真想、真思考，这对于帮助学生理解课文的情感、梳理课文的脉络、习得写作的方法起到了至关重要的作用。二是两段视频的恰当运用，让学生形象真切地感受到时光的流逝，表达的妙处，把学生的情感推向了高潮。

（作者：江西省乐安县第三小学　徐　萍）

三、哈，你们不知道我全知道

孩子们旺盛的求知欲使得他们十分喜欢挑战，普通的老师一般不掌握这样的心理特征。要想成为名师，你可以试着"挑战"你的学生，你的学生一定愿意接受挑战。而挑战的方式一般可以是"老师全都知道，你们不努力肯定不知道"。在下列的案例中，蒋老师将自己装扮成一个"先知"者，让孩子们"猜测"情节发展，接着又让学生思考他的板书有没有问题，这些无形之中给孩子们创设了挑战的"由头"，课堂现场可想而知。吉春亚老师同样如此，其实在孩子们"补白"之前，吉老师就已经"补白"好了，孩子们在吉老师说话的字里行间似乎也能感觉到，所以"挑战"的冲动便被激活了。即使这样，吉老师仍不忘再"激"孩子们一下："你们只会抓一两个关键词语，我抓住了这段话中的五个关键词语，走进了严监生的内心。"孩子们探究的热情再次得以高涨。其实，教师也并不是真正的"全知"，因为孩子在探究过程中的"生成"便可以证明，但这样的教学方法确实会激活你的课堂，同时也激活了听课老师的"求知欲"。

名师对对碰及一线教师品析

两根手指， 指向何处？
——蒋军晶、吉春亚执教《临死前的严监生》片断赏析

严监生，可谓中国文学史上最有名的吝啬鬼。他在临死之际还伸出两根手指，念念不忘捻灭两根灯草的经典镜头成为吝啬鬼的标准画像。《临死前的严监生》一课表现的便是这一场景。

通过这"两根手指"，到底要教给学生什么呢？如何引导学生通过严监生临死前的动作、表情领悟他的内心想法呢？蒋军晶和吉春亚老师采取了不同的处理方法。

蒋军晶老师这样教——抓住整体、关注情节

师：老师看到，这篇课文大部分同学读了三遍以上。这时候蒋老师要伸出手指头，哪三个手指？很多人在比画这个手势，什么意思啊？Ok！

师：蒋老师这样跟大家比画，无非想要跟大家证明，严监生的这个手指很重要。这是一个经典的细节。他没有像我们这么变换，他伸出了几个手指啊？

生：两个。

（师板书：两个指头。）

师：我请一个同学迅速地跟我一起来梳理课文的情节。这两个指头很多人纷纷猜测，前面猜到了吗？请同学跟我一起来完成这个情节，哪位同学愿意？

师：首先谁来猜？猜成什么了？

生：首先是大侄子。两个亲人。

师：猜到了吗？从哪里可以看出？

生：摇头。

师：后来，二侄子猜成什么了？猜到了吗？

生：两笔银子。没有，还是摇头。

师：奶妈猜成什么了？猜到了吗？

生：两位舅爷。没有猜到。

师：最后。

生：两茎灯草。

师：是谁猜的啊？猜到了吗？

生：赵氏。猜到了。

（随着学生的回答，老师板书"亲人""银子""舅爷""灯草"和三个"摇头"。）

师：课文的大致情节是不是这样的？这是我的板书，很简洁，但是有时候简洁会出问题。你最不满意的是蒋老师哪个地方的记录，写得不够准确？

生：严监生的动作。

师：你为什么不满意？

生：他每次都是不一样的。

师：怎么个不一样呢？有谁能说得更清楚一点？

生：第一次的时候，他把头摇了两三摇；第二次的时候，把两个眼睛瞪得滴溜圆；第三次的时候，他是把眼睛闭着摇头。

师：有这样一个变化。为什么强调这个变化的动作这么重要呢？

生：因为一开始，他伸了两个指头之后，他以为别人能知道他的用意。但是大侄子没有猜到，他有点失望。

师：我注意到了你的用词是"有点失望"，请你抓住这个特点继续往下说。

生：后来他发现他的二侄子也猜错了，所以他的感觉就很失望，这样两个人都没有猜到。后来奶妈说是不是两位舅爷，他就失望至极了。然后他就认为已经没有人会猜到了。所以他就闭上眼睛摇头，结果他的夫人出来说是两茎灯草，然后就挑掉了一根，他就满意了，因为他节省了最后一点油。他真是一个守财奴。

师：他刚才是有点儿失望，有点儿失落，失望至极。你们听明白了没有？哪位同学再说一遍，更简洁一点，把变化过程说清楚？

生：我觉得严监生的心情就是从有点儿失望变得很绝望，从很绝望到他妻子说了他想要的之后，他终于放心地走了。

蒋老师通过快节奏的提问，很快地让学生理清了故事的情节。通过学生的回答，我们看到他们已经了解了严监生的心理变化过程，"从有点儿失望变得很绝望"。让学生找老师板书的"毛病"，引导学生体会严监生摇头的动作是有变化的，体会作者描写的细致到位，这一环节设计巧妙。对于学生的提问，蒋老师的要求是"简洁一点"，这跟课堂教学的风格相得益彰，学生深受感染，注意力更加集中，思维更加活跃，孩子们对人物性格的把握和文本意义的理解也更加准确和深刻。

吉春亚老师这样教——抓住词语，想象内心

师：你们读得真投入。我要告诉大家，我读得好是因为我读过《儒林外史》这本书，知道每个人物的心思。（板书：内心）你们看这段话，我们就通过严监生的神情、动作揣摩他的内心世界，完全明白了他的心思，一定能帮助你们读得更好。

（请一位同学读屏幕上的句子：严监生喉咙里痰响得一进一出，一声不倒一声的，总不得断气，还把手从被单里拿出来，伸着两个指头。大侄子走上前来问道："二叔，你莫不是还有两个亲人不曾见面？"他就把头摇了两三摇。他想说：）

生：不是，不是，不是！亲人？你们不都在吗？不是！看灯盏里那两茎灯草，该费了多少油啊！

师（引导）：很会读书，你抓住了"摇了两三摇"和"两个手指头"展开想象的。（顺势在课件中圈出"摇了两三摇""两个手指头"，并板书：摇了两三摇，抓关键词。）我们还可以继续发挥想象，把他的心里话说出来。

生：我的大侄子，我的亲人不是都在我身边吗？那不是什么亲人，而是燃着的两根灯芯——浪费。

师：（顺势在课件上圈出"两个亲人""大侄子"）你是抓住了"两个亲人""大侄子"这两个词语展开想象的。

生：我的两茎灯芯，哪怕挑掉一根灯芯也好啊！见亲人会给我带来钱吗？大侄子啊大侄子，你怎么一点也不明白我的心意啊，白白做我的侄子了！如果不挑掉灯芯我怎么放心死啊！

师：你是抓住"总不得断气"想象的。（顺势圈出"总不得断气"）我向发言的同学学习。听，我是怎么说的。不是，不是，大侄子啊大侄子，你怎么就这么笨呢？亲人，什么亲人不在眼前？这里不是有一屋子的人吗？他们来了帮我省钱吗？你看那灯盏里的两茎灯草正燃着呢！该费了多少油，我死不瞑目啊！赶快把它挑掉，哪怕挑掉一根也好啊。不挑掉，我绝不会咽下这口气的！

（学生笑，鼓掌。）

师：你们只会抓一两个关键词语，我抓住了这段话中的五个关键词语，走进了严监生的内心，把他心里想说的话用一段话表达出来。同桌之间再交流交流。

（学生互相交流。）

师：读到这里，你们觉得严监生是一个怎样的人？

生：爱财胜过爱命。

生：是一个守财奴。

生：是一个吝啬鬼。

（师板书：守财奴　吝啬鬼）

和蒋老师不同的是，吉老师在这个环节面向全体学生，进行了层次清晰、非常扎实的说话训练。"他想说"，短短的三个字，仿佛架起了一座神奇的桥梁，从严监生的"两根手指"直接通向了他的内心世界。在学生充分发言和教师示范表达的基础上，吉老师让学生进行同桌交流，再次练习，呈现了学生能力提高的过程。吉老师教给了学生一种表达的方法——抓住关键词语，想象人物内心世界。在接下来的写话环节中，学生完全掌握并灵活运用了这一方法，抓住"狠狠摇头""睁得滴溜圆""闭眼摇"等词展开联想，从不同角度细腻写出了严监生或生气或绝望的内心独白，可谓举一反三。

比较两位名师这一环节的教学，一个"简"，一个"繁"。"简"，有气势，"繁"，很细腻，但我认为吉春亚老师更胜一筹。蒋老师似乎过于重视"摇头"动作的不同，却忽视了严监生手部动作和眼部动作的变化。我们看到，文本的目的应是通过姿态语言和神态语言的整体展示来刻画人物性格。因此，在教学时，不能顾此失彼。从课堂现场来看，学生在最后的练笔环节中，不知道该怎么表达才更到位，写得比较重复、角度单一，与这样的缺憾不无关系。"两根手指"指向何处，值得细品。

（作者：山东省东营市胜利第一小学　于　汇）

四、哦，你全知道老师不知道

孩子们"好为人师"也是他们求知欲旺盛的表现，当老师突然处于"无知"状态的时候，孩子们会急不可耐地站出来告诉你，他知道一切。即使这个时候他可能并不知道得那么透彻，但他们一定是愿意跟你一起进行思考的。这种"孩子，我不知道"的状态不但不会降低你在孩子们心中的地位，反而让孩子们觉得你是值得信赖的，你给孩子们造成了一种人际交往中经常需要的"残缺美"。而这种现象，在普通的课堂上一般是很少遇见的，因为有的老师喜欢把自己"知道"的一切都告诉孩子。在《天鹅的故事》教学中，周益民老师"困惑"地提问："老天鹅啊老天鹅，难道你就没有看到冰面上那片片白羽、斑斑血迹？""老天鹅啊老天鹅，你像石头似的扑打冰面，难道真是钢铁之躯，就不怕那钻心的疼痛刺骨的寒冷？"得到的是孩子们"深情"的回答，课堂上流动着令人感动的情感。而薛老师则希望能跟孩子们一起探讨："那么第四次、第五次（撞击）呢？"孩子们在老天鹅精神的感召下，自然愿意拿出笔来想象当时的场景，描述自己真实的感受。

名师对对碰及一线教师品析

情感流淌 智慧飞扬
——特级教师周益民、薛法根《天鹅的故事》教学片断赏析

《天鹅的故事》是苏教版小学语文第八册的一篇课文。课文讲述了一个激动人心的场面：一群天鹅为了生存，在一只老天鹅的行动感召下，用自己的血肉之躯破冰的神奇壮观场面。这篇课文包含着浓浓的人文情怀，如何在教

学中激发学生的情感，让学生感受生命的激情，敬畏生命的力量与伟大，受到人文精神的熏陶，是教学的难点和突破。著名特级教师周益民和薛法根在执教这篇课文时，都抓住了描写破冰场面的重点句段精心设计，重锤敲打，虽然方式不同，但异曲同工，同样飞溅出情感和智慧的浪花，演绎了诗意语文和智慧语文的精彩。

周益民老师：心灵的"代言人"

师：同学们读懂了老天鹅的行动，然而你们可明白它的心、它的情？你们就来做一回它的代言人吧。老天鹅啊老天鹅，难道你就没有看到冰面上那片片白羽、斑斑血迹？

生：没有关系，为了大伙的生存，我愿意。

生：我看到了，如果这白羽、血迹能够换来大家的食物，我心甘情愿。

师：老天鹅啊老天鹅，你像石头似的扑打冰面，难道真是钢铁之躯，就不怕那钻心的疼痛刺骨的寒冷？

生：我像石头是因为我攒足了劲，要竭尽全力，我很疼，但我愿意！

生：不，我也知道疼痛和寒冷，但是为了我们的集体，我必须这么做！

生：我心里只有破冰的念头，疼痛和寒冷已经顾不上了。

师：老天鹅啊老天鹅，以你的声望，完全可以命令年轻天鹅行动，何苦要忍受这般苦痛？

生：你错了，我要用自己的行动来号召大家投入战斗。

生：正因为我德高望重，才更需要做个榜样！

师：此时，老天鹅还仅仅是在同那冰面做斗争吗？

生：它是在同命运抗争。

师：是的，这是一曲命运的交响。如果说老天鹅的行动是一首诗，那么它一定是世界上最壮丽的篇章；如果说老天鹅的心声是一支歌，那么它一定是世界上最动人的旋律。我们聆听，我们感悟，一遍遍都会有新的收获。

（出示分行排列的课文片段：

老天鹅

腾空而起

利用下落的冲力

像石头似的

把自己的胸脯和翅膀

重重地扑打在冰面上）

师：请你们想着画面各自朗读。

（生自读后指一生读。）

师：冰面没有破，怎么办？

（一生读。）

师：冰面还是没有破，再用力！

（一生读。）

师：冰面已经被震得颤动起来了，继续！

（一生读。）

师：一齐来感受这动人的情景！（教师在原先出示的文字最后加上"一次/两次/三次……"）

（学生有感情齐读，完毕，俄罗斯合唱歌曲《俄罗斯上空的天鹅》响起，全场肃然。）

通过动情地朗读，学生已经读懂了老天鹅的行动。但是，如何走进文本深处，走进老天鹅的内心世界，感悟到生命力量的源泉呢？周老师巧妙地让学生做老天鹅的"代言人"，让学生也做一回"老天鹅"，将自己的情感投注到老天鹅身上，站在老天鹅的角度来抒发自己的心声，让学生和老天鹅融为一体，实现两种生命的息息相通和两颗心灵的心心相印。并且把文本关键的文字进行句式的转换，既像一首描写老天鹅动作的诗，又像一首歌唱老天鹅心灵的歌。在这样情景交融的意境中，景因情而炫美，情因景而醉人，自然激起了学生强烈的情感共鸣，让学生沉浸在如醉如痴的心灵倾诉状态中，深情款款地感受着老天鹅的勇敢和顽强，领略着生命的壮烈美和文本的意蕴美，达到"物我两忘"的境界。正如他自己所言："师生都不再是一个简单的阅读者、解释者，而是作品的一个作者，是文本的一个角色。"

薛法根老师：生命的"解码器"

师：这哪里是一只天鹅呀，分明是一个不向命运低头的——

生（整齐而激昂地）：勇士！

师：老天鹅头晕了，眼冒金星了，但它还是拍拍翅膀，艰难地站起来，第三次——

生（更深情地）：腾空而起，像石头似的把自己的胸脯和翅膀重重地扑打在冰面上。

师：那么第四次、第五次呢？请你们拿出纸和笔来，写一写这位顽强的"破冰勇士"吧！（配乐：《命运交响曲》）

（生激动地写，师巡视，请写得好的站起来。）

生：老天鹅头昏眼花了，但它还是坚强地站起来，再次腾空而起，像石头似的把自己的胸脯和翅膀重重地扑打在冰面上！

师：多么坚强的破冰勇士啊！

生：老天鹅的翅膀折了，腹部流出了鲜血，但它还是坚持着，摇摇晃晃地站起来，再一次腾空而起，像石头似的把自己的胸脯和翅膀重重地扑打在冰面上！

生：老天鹅实在没有力气了，但它还是不愿放弃，它对自己说：坚持！坚持！于是，它又顽强地站了起来！

师：坚持到底就是胜利！

生：老天鹅奄奄一息了，但它想到它自己的牺牲却可以换来一大群天鹅的生存，一股神奇的力量促使它又顽强地站起来！

师：牺牲我一个，幸福千万只！

生：老天鹅倒下了，经过前三次的重重扑打，它再也站不起来了，但是，它喘了口气，挣扎了一下，还是……

师：还是勇敢地站起来，是吗？破冰尚未成功，天鹅仍需努力！

师：这是怎样一种伟大的精神？这又是怎样一种高尚的情操？亲爱的同学们，让我们把此时的心情通过朗读表达出来吧！

（生激动地站起来，慷慨激昂地读。）

在多层次朗读的基础上，薛法根老师独具匠心地抓住文本的"空白"，通过随文练笔的形式，让学生写出老天鹅第四次、第五次破冰的壮举，实现以写"移情"。因为有前面情感的铺垫，加上《命运交响曲》的烘托，犹如打开了通向语言文字背后和老天鹅心灵深处的"绿色通道",让学生找到了感悟老天鹅生命力量的"解码器"。学生的练笔既是对文本的拓展和复原,又是对主题的提升和真情实感的自然流露。在由外而内的情感孕育,又由内而外的宣泄表达活动中,学生获得了最本质、最深刻的生命体验,感受到一种精神的力量,一种向上的、昂扬的斗志,心灵得到升华,生命得到净化,情操得到陶冶。

　　审美和认识都是了解事物、把握世界的基本方式。周老师用诗化的、审美的方式去唤醒心灵;薛老师用认识的、智慧的方法去激活生命。而浓浓情感就是教师与学生心灵之间、学生与文本之间沟通的桥。唯有情感流淌,才有心灵对话,才有智慧飞扬,它将带给师生同品共享的无尽愉悦和曼妙丰盈的心理体验。

(作者:江苏省新沂市阿湖镇黑埠中心校　王其华)

五、来，我教你一种学习方法

　　虽然每一个孩子的学习方法可能都有所不同，但不能否认的是如果教师能够提供一种学习方法，让他们轻松解读文本，感悟文本的语言文字，感受文本中所表达的思想情感，他们的注意力一定会十分集中，而且会十分兴奋地投入课堂学习中。他们会觉得，老师提供的一定是"法宝"，一定能够帮助他们学到语文知识，因此即使有的学习方法比较难学，他们也会用心去领悟。下面的课例中，于老师首先给孩子介绍有关"长相思"词牌的知识，带着这样的知识，孩子们轻松解读了文本，同时也会感觉到，利用相关知识学习课文，真是一种好方法；王崧舟老师则"教"给孩子们还原历史文本背景的学习方法。这种方法是很容易想到的，因为词中渲染的是一种浓烈的情感，但如果没有还原对比，孩子们对这种"浓烈"只会停留在"感性"层面，而不会产生思维的运作，从而进行"理性"感受，这样理解文本会不够深刻。于老师和王老师的课告诉我们：只要学习一些文本解读的方法，并真诚地教给孩子们就行。

名师对对碰及一线教师品析

让文字与孩子相互照亮
——于永正、王崧舟执教《长相思》片段赏析

　　听罢于老师和王老师两位特级教师执教的《长相思》一课，我激动得夜不能寐。两位老师的课，就像两种美酒，各有各的醇美，如思想的盛宴，灵魂的交响，震撼着我的心灵，让我从中收获到了茂盛与丰盈。两位大师如一

道光，让文字与孩子相互照亮，让课与人相互照亮。

一看开课

于老师从古诗词的文体特征入手，把词当作文学知识来讲授，三首词，三个样本，他引着学生解剖样本，研究词牌，感悟到《长相思》这种词牌主要是写思念、相思的，传达这样一种观念，再进一步验证，最后得出结论。开课时，于老师把词的知识用屏幕显示出来，让学生一下子就抓住了词的特点，这也就是王荣生教授多次强调的语文老师要用专业的眼光来看语文。而王崧舟老师所上的《长相思》，开篇就抓住春风之意象，引孩子进入一种浓浓的乡愁的情绪场中，这就是他一直以来坚持的诗意场的营造，学生在这样的诗意场、情绪场中，感受到的是一种情绪的感染，温暖的光照。于老师则是抓住一首词进行解剖：作者是如何写长相思的呢？通过还原语境，聚焦意象，营造意境，入情品味，营造一种回环迭唱，一波三折，让我们感悟到了字字泣血，句句泪奔。如果说于永正老师是简简单单教语文，给学生以学习词牌的方法的话，那么，王老师则是通过审美意境的再造，让学生获得美的体验，从而激扬学生的生命。

二看朗读指导

于老师的朗读指导，从检查预习开始，第一首词和第二首词学生都读对了，第三首词，学生有两次把人名读错了，老师订正并解释：万俟咏的"万俟"是复姓，读 mò qí，让大家再读一遍。于老师让学生读的目的在于检查，在检查中培养预习的习惯，同时，在检查时，抓住容易出错的地方进行指导，其实也就是在指导学生理解古诗词的意思。而王老师的读，反复强调注意读出词句内部的停顿，读出自己的感觉和味道来。古诗词本身就是有固定的节奏的，王老师的读，在于让学生感悟词的韵律美，并且读出自己的味道和感觉来，就是要学生入境体味，沉入词中思考，引领学生品味词句背后的情味和意蕴来。如果说于老师的读是在验证的话，那王老师的读更是一种探索，一种生命张力的生成；如果说于老师的读是一种归纳的话，那王老师的读就是一种演绎。

三读，品味诗情

于永正老师这样教

师：刚才于老师说了，《长相思》前人多用来写人的思念之情。咱们先看第一首和第二首，这两首《长相思》，是写人的什么思念之情？也就是说，白居易词中的妇人，她想念的是谁？张煌言他想念的，又是谁？

生：自己的丈夫。

师：你从哪儿看出，从哪儿断定她是思念自己的丈夫？

生：思悠悠，恨悠悠。

师：哦！只有思念丈夫才会思念不断、恨也不断吗？有道理。她想她丈夫，恨她丈夫，思极而恨。

王崧舟老师这样教

播放呼啸的风雪声（一分钟），之后配箫声、古琴声，师生静听。一分钟后，师配乐朗诵。

师：孩子们，请闭上你的眼睛，让我们一起，随着纳兰性德，走进他的生活，走进他的世界。随着老师的朗读，你的眼前仿佛出现了怎样的画面和情境？

生1：我看见了士兵们翻山越岭，到山海关，外面风雪交加，士兵们躺在帐篷里，翻来覆去，怎么也睡不着，在思念着他的故乡。

生2：我看见了纳兰性德在那里思念家乡，睡不着，辗转反侧的情景。

生3：我看到了纳兰性德走出营帐，望着天上皎洁的明月，他思乡的情绪更加重了起来。

生4：我还看到了山海关外，声音杂乱，士兵们都翻来覆去睡不着。但是在他们家乡，没有这种声音，睡得很宁静。

师：但是，同学们，在纳兰性德的心中，在纳兰性德的记忆里，在他的家乡，在他的故园，又应该是怎样的画面、怎样的情景呢？展开你的想象，把你在作者家乡、作者故园看到的画面写下来。

（课件出示：一个正在绣花的清代女子。右上角五个字——故园无此声。

琵琶曲反复播放。)

师：好，孩子们，停下笔，让我们一起走进纳兰性德的家乡，一起去看看，在他的故园，有着怎样的画面和情景呢？

生1：我看见了纳兰性德的家乡鸟语花香，纳兰性德的家人在庭院中聊天，小孩子们在巷口玩耍嬉戏，牧童赶着牛羊去吃草，姑娘们坐在家门口绣着花，放学回家的孩童们放下书包，唱着歌，放起了风筝，还有的把花朵编成了花环戴在头上。家乡一片生机勃勃！

生2：我看到了，晚上，月光皎洁，星星一闪一闪的，他的亲人坐在窗前，鸟儿在叽叽喳喳地叫。外面，是阵阵微风，花儿合上了美丽的花瓣。亲人是多么希望纳兰性德能回到家乡，与他们团聚呀！

生3：我看到了，那个晴朗的天气，妻子正绣着锦缎，孩子们在门外的草地里玩耍，一会儿捉蝴蝶，一会儿逮蚂蚱，汉子们正挑着一桶桶水回到家中做饭，做好饭后，全家围坐在一起喝酒、聊天。

师：天伦之乐，温馨融融。多么美好的生活啊！但是，现在，此时此刻，这样的画面却都破碎了，这样的情景却都破碎了，谁来读《长相思》？……

于老师先告诉孩子这首词是写思念之情的，接着让学生读，印证自己的说法。这样的教法一般老师很容易学，所以，应该很受欢迎。而王老师课上，以纳兰上阕的八庚韵笼罩全篇，课堂笼罩在一种苍凉、压抑的氛围里，呜咽的音乐，低沉的诵读，一种感动人心的力量，来自他独特而深入的解读，来自他所营造的审美意境。他采用了还原的策略，还原角色，还原场景，还原心情，还原意境，还原情境。通过闭眼想象，睁眼表达征途见闻；笔下抒写，口头反馈，想象故园图景；故园美好今心碎，悟情再读；对话纳兰性德，再读文。这个读的过程，就是不断内化的过程，就是渐入词的意境和作者心境的过程。这里，对比的策略被王老师巧妙运用，通过征途与故园所见所闻对比，在征途的寒冷与家中温暖的比较中，在帐篷外的嘈杂与家中宁静的比较中，在路途艰险与家里一片祥和的比较中，深入领悟诗情，感受作者的心碎。于老师的课重感悟，重积累，重迁移，简简单单，扎扎实实，王老师的课言意兼得，感人至深。于老师的课让学生学到了知识，王老师的课更多了一些生命的感悟，精神的升华。如果说于老师的课是封闭的知识的传达的话，那王老师的课就是开放的意境的再造。王老师的课震撼着我们的心灵，能给学生心灵的滋养，那是因为他超越了文本，给了孩子海冰下更广阔的海。据说，王老师登台前还没有一个完整的预设，在台上，他豁然打开，孩子们的生命也随之打开。崧舟之法，不在技，而在道！

（作者：广东省珠海市香洲区第十五小学　王秀菊）

六、嘿，其实三种方法都可以用

一个文本创作出来之后，我们如何与文本产生"理解性融合"，一般有三种基本的方法：一是品味（感悟），二是朗读（口头表达），三是抒写（书面表达）。

品味的过程是对文本的语言文字进行知识与心灵交换的过程，通过这样的交换，读者可以与文本达成"一致"，与文本主人公、文本作者形成共鸣，并对自我产生启迪；朗读是一种基于自我理解和情感的表达，因为读者所理解的东西并不能全部说出来，但却可以通过朗读来让听者感受到；抒写性理解其实就是通过抒写的内容表达对文本的情感、思想以及写作方法的理解。

说以上三种方法是基本的方法，是因为很多读者在日常生活中读一篇文本之前基本上是没有准备的，也就是当下比较流行的所谓"素读"。从下面的案例中，我们可以看到，其实学习一篇文本，三种方法是可以随机使用的。但如何把握，主要还是看教师个人的潜质。比如下面的案例中，孙双金老师本来就善于对话，因此引导孩子品味文本绰绰有余；窦桂梅老师是大家公认的"深情""激情"派，所以采用朗读的方式当然十分顺手；而薛法根老师对语文的理解一直倾向于"本原"，大家都认为他是最"语文"的，当下《课程标准》倡导"语言文字的运用"，刚好为他的教学风格推波助澜。所以，要成为名师，首先要选择适合自己的最基本的阅读理解方式，从而形成适合自己的教学方法。

名师对对碰及一线教师品析 *1*

语文 "三味"： 感悟 朗读 抒写

——孙双金、窦桂梅、薛法根执教《我和祖父的园子》重点段教学赏析

萧红的散文《我和祖父的园子》第十三自然段，写出了园子的自由与欢畅。孙双金、窦桂梅、薛法根三位特级教师在教学这一重点段时，不同的解读，不同的训练，呈现了不同的精彩。

孙双金老师教学片断——揣摩品评，感悟精彩

师：作者写得最精彩的就是第十三自然段，我们来好好品读一下。你认为精彩在哪里呢？

生：作者把田园之乐和天伦之乐全表达出来了，写出了在田园里的自由自在。

生："花开了，就像花睡醒了似的。鸟飞了，就像鸟上天了似的。虫子叫了，就像虫子在说话似的。"作者用了拟人的手法，把植物、动物都写活了。

师：把动物当人来写了，感觉特别亲切。

生：从这段话，我看出作者的想象力非常丰富。花开了，想象成睡醒了似的；鸟飞了，想象成上天似的；虫子叫了，想象成在说话似的。

师：所有的拟人都是作者心中的想象。

生：我还看出五个"愿意……就……"写得很好，写出了她的"自由自在"。

师：不是一个"愿意……就……"，是五个"愿意……就……"。

生：这段还用了排比，写出了她的心是自由自在的。

师：通过讨论，我们从内容上读出了"自由自在"，从语言上看出充满了想象。她的语言有拟人，有排比，是无拘无束的，愿意干什么就干什么，想怎么样就怎么样。她写的都是植物、动物的自由，写这些干吗？想告诉我们什么？

生：这些是借物喻人，写这些东西自由也是代表自己自由。

师：看到景物是自由的，代表着看到景物的人的内心也是自由的。你心里是自由的，看到的景物是自由的；你的心是拘谨的，看到的景也是拘谨的；你的心是快乐的，看到的一切景物就是快乐的；你的心是忧伤的，看到的一切都是难过的。这叫"借景抒情"。

生：我还要补充一点，文章写得不拘束，正好反映了她自己很自由。

师：最关键的是作者心灵是自由的。"鸟飞了，就像鸟上天了似的"，一个"天"；"它若愿意长上天去，也没有人管"，两个"天"；"它们是从谁家来的，又飞到谁家去，太阳也不知道这个"，太阳又在天上，三个"天"。"只是天空蓝悠悠的，又高又远"，一个心灵自由的人，她的心空就像天空那样博大深邃，她的心是装得下天地的，这才是自由的心灵。

孙双金老师带着孩子沉入文本，通过"你认为精彩在哪里""写这些干吗"这两个主问题的引领，给予孩子充分的言语空间，在对"怎么写""为什么这么写"这些文本思考与感悟的过程中，文字的精彩、园子的欢乐和童年的自由一起进入了学生的语言世界。

窦桂梅老师教学片断——朗读体验，分享自由

师：原来，凡是在太阳下的，都是健康的、漂亮的；原来，这花园是我的乐园。这真是"一切景语皆情语"。这自由的世界，带给了萧红内心的欢乐，于是眼前的一切都是自由的，快乐的！花开了（引读下文）——

生：就像花睡醒了似的。

师：鸟飞了——

生：就像鸟上天了似的。

师：虫子叫了——

生：就像虫子在说话似的。

师：一切都活了，要做什么——

生：就做什么。

师：要怎么样，就怎么样。都是自由的！

师：倭瓜——

生：愿意爬上架就爬上架，愿意爬上房就爬上房。

师：黄瓜——

生：愿意开一朵花，就开一朵花，愿意结一个瓜，就结一个瓜。若都不愿意，就是一个瓜也不结，一朵花也不开，也没有人问它。

师：玉米呢——

生：愿意长多高就长多高，它若愿意长上天去，也没有人管。

师：现在呀，你们就是那满地的倭瓜、黄瓜、玉米！倭瓜呢，用朗读告诉我们你的自由快乐！你是？

生：我是"倭瓜"，愿意爬上架就爬上架，愿意爬上房就爬上房。（笑，掌声。）

生：我是"黄瓜"，愿意开一朵花，就开一朵花，愿意结一个瓜，就结一个瓜。

师：原来，这里的一切的一切，都是自由的，要做什么，就做什么。要怎么样，就怎么样。园子里的你们，自由地朗读，朗读你们的自由吧！

（全体学生"自由"地朗读园子里的"自由"。）

"朗读就是理解，朗读就是发现。"窦桂梅老师用朗读这种便捷的教学方式，带领学生徜徉于萧红童年的乐园，演绎了有声有色、自由自在的童年的园子。朗读架通了作者、教师与学生的情感，作者语言的自由与精彩，也在朗读、体验中转化为学生的语言。朗读，传递着语文的真味。

薛法根老师教学片断——巧借写法，自由抒写

师：作者写她祖父的园子，其实是写她的童年，写她童年的快乐、自由、幸福。作者既写自己在园子的生活，还借园子里的景物，来抒发自己对童年生活的感受，这就叫"借物抒情"。特别是课文第十三自然段，一切都活了，想怎么样，就怎么样……她实际是写自己也是自由的，只是她没有直接写，而是借了倭瓜、黄瓜等来表达自己也是自由的，无拘无束的。老师想请你借课文写倭瓜、黄瓜、玉米、蝴蝶自由自在的写法来直接写一写"我"在园子里也是自由的，无拘无束的。要会借，借用课文中特别的写法，句式有点变化更好。

（学生练写。）

师：请几个同学来读一读，自己写的东西要珍惜，把它当作课文来读，用心读。

生：我的童年生活是自由快乐的，我想捉蝴蝶就捉蝴蝶，我想吃黄瓜就吃黄瓜，想摔跤就摔跤，想睡觉就睡觉，我想捅蜂窝就捅蜂窝，倘若被蜜蜂叮了一个包，也没有人管。

师：当然没有人管，也不喊疼。你写得很生动，很有生活情趣。

生：我的童年是幽默的，我和祖父一起栽花下种，祖父干什么我就干什么，甚至有的时候祖父抽烟，我也要拿根黄瓜当烟抽。

（生大笑。）

师：写得多形象啊，很有想象力。

生：我的童年是快乐的，我想吃黄瓜就吃黄瓜，哪怕吃了一半就扔了也没事；我想拔草就拔草，把狗尾巴草当作谷穗留着，把韭菜当作野草割了，也没有人责骂……我累了就躺在地上，天空蓝悠悠的，又高又远，我的心也蓝悠悠的，又高又远。

（生鼓掌。）

师：好在哪儿？发现了吗？

生：最后用了总结，把整个心情也写出来了。

师：借天空蓝悠悠的，又高又远，说我的心也蓝悠悠的，又高又远，这就叫"借物抒情"。

"发展儿童的言语智能"，是薛法根老师语文教学的追求。这部分的教学，从"动物植物的自由"到"我的自由"的练笔设计，将文本内容、语言形式与学生生活自然融合，通过想象，将作家的童年与学生的童年巧妙对接。童年的生活在学生的语言天地里活泼泼流淌，课堂自然随性又情趣盎然，扑面而来的是清新本真又智慧灵动的童年的自由气息。

品评感悟，朗读表达，三位老师和他们学生的"语文的园子"，也与"我和祖父的园子"一般，芳香四溢，自由欢畅。

（作者：江苏省江阴市山观实验小学　朱红霞）

名师对对碰及一线教师品析 2

抓住 "自由" 的 "定力"，享受亲情的温暖
——薛法根、魏星同构《我和祖父的园子》教学谈

《呼兰河传》是萧红的经典之作。一位遭遇了不幸的女作家，过早地走完了她年轻的一生，但留给后人的却永远是一种对生活的憧憬。五年级的课文《我和祖父的园子》就是选自《呼兰河传》，从中我们看到了什么？童年的幸与不幸。幸的是萧红有着这样一段快乐的童年，以至于当她在成年之际，仍然掩饰不住对童年的回望。文本的语言说明了这一切，"蜜蜂、蝴蝶、黄瓜、铲地、浇水……"多天真的语言，多朴素的视角，多纯真的情感。正是因为童年的存在，让萧红有了童年的心。不幸的是，唯有祖父是她童年的印记，是她情感的依靠，虽有父有母，而重男轻女思想却让萧红的童年生活在隔代的亲情中，她什么都能忘却，唯独不能忘却祖父，他成了萧红一生感情海洋里唯一的港湾。呼兰河实际上是祖父的呼兰河，莫大的一座城，在萧红的心里却只 "住着我的祖父"。萧红用心中的笔在述说她的经历，是感恩，是回首，更是人生的价值思考。正因为如此，萧红的《呼兰河传》成为修补人们心灵创伤的一剂良药，让迷失的情感可以再次点燃，对当前缺失亲情与情感迷茫的孩子们来说，这是一本必读的经典。自然，《我和祖父的园子》也是一篇必读的课文，用王荣生教授的话说，"这样的教材，应该成为教学的'定篇'"。既然是定篇，那就有了几个固定的证明。文章的内容是固定的，文本的情感基调是固定的，语言的内涵是固定的。因为在定篇的作品中，研究已成气候，我们无须过度猜测与模糊理解，我们把握的文本已经成为许多人的共识，课堂的任务就是如何向学生传递这种共识，并且让孩子们能够达到这种共识，从而在经典中徘徊，寻找自我的根基。基于此，著名特级教师薛法根与魏星这样教学《我和祖父的园子》。

薛法根老师这样教

师：为什么写生活，还要写景物呢？读这两段，你读出了什么？

师：这是一个怎样的园子？

生：自由的、活的。

生：快乐美丽、生机勃勃、多姿多彩。

……

师：她是怎么写出这个"美丽"来的？

生：从"我家有个大园子……样样都有"看出美丽，因为美，所以吸引昆虫。

……

师：她怎么写出"活"？联系上下文看看。

生：花开了，就像睡醒了。

师：花活了吗？

生：活了，开了所以活了。

师：鸟活了吗？

生：飞了，活了。

师：她没写花活了，鸟活了，虫子活了……她是怎么写的？

生：用三个拟人的手法写出的。

师：这个"自由"是怎么写出的？你读给大家听。

生：愿意怎么样，就怎么样……（倭瓜、玉米、蝴蝶）看出自由，随便它们怎么样！

师：你有没有发现写它们自由的句子有什么特点吗？

生：愿意怎么样，就怎么样；要怎么样，就怎么样。

师：这里愿意怎么样，就怎么样，一句一句地连起来写，这是排比。

师：同是写自由，这里写谁是自由的？

生：所有的东西都是自由的。

师：作者写这些事物的自由和童年生活自由有联系吗？为什么写这些话呢？

生：写所有东西自由，可以衬托我的自由。

师：这是借这里的自由来抒发自己的感情。这叫借物抒情。

师：现在请大家借助"要怎么样，就怎么样"，发挥想象写出作者的快乐、幸福。

（学生写并交流。）

生：我愿意摘花就摘花，愿意睡觉就睡觉，愿意吃芒果就吃芒果，要怎么玩就怎么玩，玩到深夜也没人管（那是有人管的）。

生：种花、踢飞种子，愿意吃柿子，就把柿子树吃完（那不行），想玩电脑多久就多久。（写着写着写到自己身上了。）

生：铲地，拔草，让生活充满花香，愿意浇花就浇花，把花淹死也没人管。

生：我的生活是自由的。我愿意摘花，把所有的草都留着……若把他们吓跑了，没关系，我知道他们会回来的，因为这里是自由的……

师：他注意先写中心句。如果每个同学用这样的写法，写你现在的生活能写出来吗？

生：写不出来。

师：为什么？

生：我们没有文中作者那么自由。

师：因为作者有祖父……

魏星老师这样教

师：仔细阅读第十三节，你觉得这段中的哪些词语、句式最能表现"自由"？

学生自读自悟，抓住"愿意……就……""想……就……""一会儿……一会儿……""又……又……"等词语、句式进行交流，感受园子中的花、鸟、虫子以及倭瓜、黄瓜等各种蔬菜的"自由"。

师：注意到了吗？这段话一连用了10个"就"字，读起来是不是觉得有点啰唆呢？

生：我觉得不啰唆，读起来很顺畅。

生：感觉园子中的各种小精灵我行我素、自由自在。

生：我读起来觉得很孩子气，好像是萧红一口气说出来似的。

师：你看，萧红的文字很普通，很朴素，但是读起来觉得很洒脱，很灵动，很孩子气，字里行间跳跃着两个字——

生：自由！

在读完园子中的一个个有趣的活动之后，再次回到第十三节，通过改变人称、角色朗读活动，把"人的自由"和"自然的自由"融合在一起。

师（引读）：一到了这个园子里，我就玩了起来，闹了起来，不知不觉地，园子中的一切都活了，我就变成了那倭瓜啦——

生：我愿意爬上架就爬上架，愿意爬上房就爬上房。

师（引读）：我就变成了那黄瓜啦——

生：我愿意开一谎花就开一谎花，愿意结一个黄瓜就结一个黄瓜。

师：想象一下，当萧红写到这个地方的时候，她当时的表情是怎样的？

生：写到这里，萧红禁不住笑了，她好像又回到了那个园子，成了园子中的黄瓜、倭瓜……

生：萧红可能手舞足蹈。

生：她写得特别快，笔下的文字就像园子中的蝴蝶快乐地飞舞着。

生：当萧红写到"只是天空蓝悠悠的，又高又远"的时候，她放下笔，眼睛看着窗外，又沉浸在美好的回忆中。

师：这是多么幸福、多么惬意的写作体验啊！——读书就是和作者一块儿体验、一块儿创作，让我们齐读这一节！

（一）在"文眼"中唤起童年的记忆

文本的"定篇"决定我们能从文本中找到情感的关键词，两位老师找到了。"自由"的定义在教学的初始就已经呈现，于是，思维的角落里开始记忆的寻找，这种寻找是学生内在的生活的留影，不是语言的再现，两位老师都是在定义的搜寻过后，抓住文本的依托来唤起孩子童年的记忆。于是，才有了"他是怎样来写出美丽的，怎样写出活的""你觉得这段中哪些词语、句式最能表达'自由'"。在文本问题的干预下，孩子暂时放弃了自我的记忆，转入对文本语言的品味，这种品味让"园子"呈现了一种场景，这种场景不仅是作者的表达，更是孩子在接受自我童年记忆搜寻后的一种嫁接与反思。"因为美，所以吸引昆虫""园子里的小精灵我行我素，自由自在"，他们已忘却是在文本的脚步中搜寻，完全是一种沉醉的回忆。教师正是利用孩子的"心"打开了文本的门，让孩子在文本的世界里回忆、感叹。

（二）在"文语"中体验童年的心理

如果文本仅仅让我们的孩子知道园子里的一切是自由的，只能说是对文本的熟悉与感知。语文课程标准一直强调，要能够借助文本，寻找到文字背后的意义。对于这样"定篇"类型的经典文本，我们要从中学什么？表达，如何将作者的心理通过文本的语言表达出来。两位老师在教学中都关注到的表达就是"园子的自由便是'我'的自由"。但这种情感的衬托如何让孩子能领悟到，课堂就应该从师生关系和角色的转变出发，我们的老师和孩子们成为合作的伙伴，我暂且把他们这种合作称为"童伴"。放下高度，以儿童的视角去关注情感的表达，和儿童互相探寻这种表达。在教学中，两位老师不慌不忙，步步引导，薛法根老师的"作者写这些事物的自由与童年生活有联系吗？为什么写这些话？"问题本身就是告诉孩子，作者写这些与她的童年生活是有联系的，我们的孩子经历了四年的语言的训练，这样语感还是有的。"原来写东西的自由，便是衬托'我'的自由"，好一个"衬托"，把孩子从景色的想象中一下子拉回到对"情感"的抒发中来，情感的"知道"并不意味着领悟，于是薛法根再次借助生活的平台，让孩子们真正在语言的模仿中来实现"情感—内心—外显"的过程。魏星老师则是直接带领孩子走进"我的'自由'"，通过活动中人称的改变无意中让孩子成为"我"，于是引读中"自然的自由"变成了"人的自由"，人称的改变不就是告诉孩子们"萧红的童年在这园子里是自由的"吗？魏星老师并没有停止，再次让孩子在自由中展开想象的翅膀，"萧红此时的表情怎样？"把一种原本的情感告诉或渲染演变成真正的"思考"，让孩子在对语言感悟的同时明白"自由的生活给了萧红温暖，从而有了回忆的情节"，祖父的园子只是自由生活的一部分，心灵的自由才是萧红最终的表白。对于萧红的表情呈现，如果没有体验，孩子是说不准的，而有了前期的人称变化的引读，这种表情的呈现似乎就成了顺水推舟的事情。因为写作与儿童本身是始终联系在一起的，这就是"我手写我心"的最好体现。

两位老师的教学整体上呈现了以"文本为依托，以价值为主线，以童本为理念"的思路，真正把《我和祖父的园子》教自由了，也真正把孩子的语言密码理自由了，同时把孩子对语文的心也唤自由了。这就是语文，温暖的语文。

　　　　　　　　　（作者：江苏省丹阳市教育研究与培训中心　　陈惠芳）

教学技巧

一、很好，还可以……

阅读教学的过程实际上是师生对话的过程，然而与平常的对话不同的是，阅读教学的对话应该是一种生成性对话，师生对话的目的在于生成有关的理解和有关的语文知识。阅读教学对话很多时候绝不是一问一答就完成了对话的过程的。很多普通的老师在阅读教学中往往设计"死问答"，就是所提的问题只有一个精确的答案，或者不希望孩子们产生多样化的理解，因为这样多样化的理解会导致他对课堂难以驾驭。而名师的高明之处就在于，他们敢于追问，以求得更丰富、更深刻的答案。

阅读心理学表明，读者对文本的第一次理解往往是肤浅的，是很难接触到文本的本质内涵的。只有通过追问，孩子们才能真正启动思维，从而将思维的触角尽情延伸。然而，追问绝对是一门艺术，有的老师虽然喜欢追问，但往往追问一两个回合就戛然而止了。其原因就在于追问的"过渡"没有把握好。理论进化学告诉我们，要使理论进化，首先需要一种"承认"的精神，也就是"承认"孩子的理解是有道理的，是付出了一定的精力的，在承认的基础上进行追问，孩子们会欣然接受。比如下面的案例中，虞大明老师这样追问："这个词怎样？好，我们就把这个词写上去。这是一个应有尽有的园子。还可以用什么词来形容这个园子？""有这种感觉的孩子请举手。这是一个五彩缤纷的园子。（师板书：五彩缤纷）还有不同的感觉吗？""你说'五谷丰登'，是不是说园子里什么东西都有？我们用另外一个词更准确，你自己修正。"我们再看薛法根老师，他这样追问："作者说，我的童年是快乐、自由、幸福的。其实，作者写她祖父的园子，其实是写她的童年，写她童年的快乐、自由、幸福。为什么还要写园子里的这些昆虫和作物呢？""这个词好，生活充满温馨。看看我们同学读了作者的文字后，心里有些怎样的感受：这是一个怎样的园子呢？""还是一个——""我们还感受到这是一个——"在这样的追问中，孩子完全被自己的思维俘虏，不断地被它引向深处。

名师对对碰及一线教师品析

把经典演绎成 "经典"

——虞大明、薛法根《祖父的园子》教学片断赏析

作家萧红的《祖父的园子》堪称抒写童真童趣的经典，读来回味无穷。文本鲜明的语言特色和洋溢于字里行间纯真自然的情感，吸引了许多名师选其作为课堂演绎的"经典"。虞大明、薛法根、窦桂梅、蒋军晶等一线名师都公开执教过此文，在课堂上展示了他们对文本深刻而独到的教学解读与诠释。其中，虞大明与薛法根两位老师的课堂，给我留下的印象尤为深刻。现各择一二片断，与大家一起分享。

（一）整体把握，有异曲同工之妙

名师们的阅读教学都遵循阅读规律，关注学段目标和文本特点，初读阶段注意引导学生整体把握课文内容。但在具体的操作技巧上，他们又各有各的特色，对比欣赏，总觉有异曲同工之妙。

虞大明老师教学片断

师：第一遍读，可以快速浏览，想一想：这是一个怎么样的园子？当你有所感触的时候，就在课题旁边用词语记录下来，开始。

（生自主浏览，写旁注。）

师：来，你说一个。

生：五谷丰登的园子。

师：你说"五谷丰登"，是不是说园子里什么东西都有？我们用另外一个词更准确，你自己修正。

生：应有尽有。

师：这个词怎样？好，我们就把这个词写上去。这是一个应有尽有的园子。还可以用什么词来形容这个园子？

生：这是一个五彩缤纷的园子。

师：有这种感觉的同学请举手。这是一个五彩缤纷的园子。（师板书：五彩缤纷）

师：还有不同的感觉吗？

生：这是一个充满生机的园子。（师板书：生机勃勃。）

师：还有吗？

生：自由自在的园子。

师：这是一个自由自在的园子。（师板书：自由自在。）

师：还有吗？

生：这是一个丰富多彩的园子。

师：这个词跟哪个词意思差不多？

生：五彩缤纷。

师：是啊，相同意思的，咱们写一个就行了。作者在这样的园子里不仅感到自由，而且感到无穷的乐趣。用哪一个词概括？

生：快乐。

师：对呀！这还是一个快乐的园子。（师板书：快乐无比。）

师：真会读书！我们通过初读，对园子有了大概的了解，这是学好略读课文的第一步。同学们真了不起！一起看着板书说说，这是一个——

生：应有尽有、五彩缤纷、生机勃勃、自由自在、快乐无比的园子。

薛法根老师教学片断

师：现在请三位同学带着课本上来，我们一起来听写三组词语。谁愿意？（指着三位学生）好，这三位同学比较积极上进，勤奋。你们每人听写一组，其他同学三组词语都要默写。（众笑）每组词语老师只念一遍，所以要用心听，用心记，不可以偷看，记住了吗？

师：第一组，蜜蜂、蝴蝶、蜻蜓、蚂蚱。再写一个和刚才四个词是同一类的词语，想一想，应该写哪一类事物呢？第二组，玉米、黄瓜、倭瓜、韭菜、谷穗。（指其中一位学生）这位同学很聪明！他先写每个词的第一个字，这叫信息；然后再把词语写下来，这叫诀窍。（其他学生纷纷仿效）第三组，栽花、拔草、下种、铲地、浇菜。要注意这五个词语之间有哪些内在的联系，了解了有助于你把它们记住。

……

师：这些词语全写对的请举手。（对举手的学生）你们真了不起！今后我们预习课文时要把生字词画下来，读读、写写。还可以把词语进行归类，这样可以帮我们记得更牢。

师：同学们，我和祖父的园子里有这么多的昆虫，这么多的庄稼。在我童年时的眼里，这些昆虫、庄稼又是怎样的呢？读读描写昆虫和庄稼的两个段落。大声地、用心地读，要让老师听得到你读书的声音。

（生投入地读书，教师巡视，做个别指导。）

师：谁来读其中一个段落？其他同学用心去听，他是怎么读的，更要用心去感受，这个园子是个怎样的园子，能不能用个词语来概括。

……

师：这个词好，生活充满温馨。看看我们同学读了作者的文字后，心里有些怎样的感受：这是一个怎样的园子呢？

生（齐声回答）：应有尽有的园子。

生（齐声回答）：无拘无束的园子。

师：还是一个——

生：自由自在的园子，多姿多彩、鸟语花香的园子。

师：我们还感受到这是一个——

生：温馨的园子、生机盎然的园子……

师：同学们读得非常认真，从不同的角度和侧面来概括这个园子的特点。

虞老师紧扣略读课文的教学要求，开门见山，从课题入手，引导学生快速浏览课文，想一想这是一个怎样的园子。学生浏览并进行旁注之后，虞老师组织学生畅谈自己的认识和感受，板书关键词，再引导学生看着板书概括：这是一个 应有尽有、五彩缤纷、生机勃勃、自由自在、快乐无比的园子。初读课文，概览大意的学习任务完成得行云流水。

薛老师以组块教学见长，教学本文也不例外。薛老师从听写几组词语开始引入课文的学习。这几组词语是经过精心挑选的，通过词串的形式不着痕迹地复现了课文中描写的主要事物，为整体把握课文内容做好了铺垫。听写完词语之后，薛老师很自然地抛出问题：这是一个怎样的园子？原来，表面是在听写词语，实际上这些词语对学生整体把握文本具有提纲挈领的作用，可谓匠心独运。毫无疑问，接下来整体感知和把握的环节便轻松自然了。另外，上面两个片断当中，两位老师都在润物无声地传授给学生整体把握课文内容的不同方法和策略。

（二）读写结合，显言意互得之法

阅读教学中的读写结合，最怕生硬嫁接，结果事与愿违，事半功倍。而虞老师和薛老师的课堂，却给我们提供了言意互得的范例。

虞老师教学片断

师：关于倭瓜，关于玉米，虞老师也写了这样一段话，请看。（课件呈现老师下水文：倭瓜长蔓了，沿着花架往上攀，一直爬到了房顶，再挂下来，随风摇摆，甚是婀娜。黄瓜也开花了，这儿一朵，那儿一朵，怎么开，都很美，她们仰着黄色的小脸，向着和风点头。一群群蝴蝶在花间翩翩起舞，分享着这场花的盛宴。玉米苗也伸展着腰肢，向着天空微笑。一切都是美的！）快速浏览，你读出了什么？相信你读了这段话，你就会由衷地发出感叹，哇——这景色——

生：好美啊！

师：你看，同样描写的是这些景物，但是写法不同，我们的感受也不同。从这段话里面，我们读出了景物的什么？

生：美。

师：萧红的这段文字，让我们感受到园子的——

生：自由。

师：一切景语皆情语。作者难道仅仅在倾诉景物的自由吗？它实际上是在表达——

生：自己的自由。

师：萧红借景物的自由来表达她自由的心境。这样的写法就叫作——

生：借景抒情。

师：通过这段文字，萧红她一定在诉说——

（生在配乐中补读。）

[课件出示：我愿意（摘黄瓜），就（　　）；我愿意（捉蚂蚱），就（　　）；我愿意（　　），就（　　）。]

师：这样的事列举得完吗？

生：举不完。

师：所以我们可以用这样的话来概述：在这样的园子里，我——

生：想做什么，就做什么。要怎么样，就怎么样。

薛老师教学片断

师：作者说，我的童年是快乐、自由、幸福的。其实，作者写她祖父的园子，其实是写她的童年，写她童年的快乐、自由、幸福。为什么还要写园子里的这些昆虫和作物呢？

生：在这个丰富多彩的园子里才能快乐、幸福地生活。

生：不能在园子里闹，就没有快乐了。

生：还有这么多东西陪伴着我，所以我快乐。

生：没有这么生机勃勃的园子，就没有她幸福的生活。

师（提示）：看看园子的特点，我童年生活的特点，发现什么了？作者为什么这样写？

生：正是因为有这样的园子，她的童年才会这么快乐、幸福。

生：先写园子生机勃勃、无拘无束，更能衬托作者的自由和快乐。

师：对啊！作者既写自己在园子的生活，还借园子里的景物，来抒发自己对童年生活的感受，这就叫——借物抒情。特别是课文倒数第二段，一切都活了，想怎么样，就怎么样……她实际是写她自己也是自由的，只是她没有直接写，而是借了倭瓜、黄瓜来表达自己也是自由的，无拘无束的。

师：老师想出个题目，请你借课文写倭瓜、黄瓜、玉米、蝴蝶自由自在的方法来直接写一写我在园子里也是自由的，无拘无束的。参照课文倒数第二段，自己学着写一写。要会借，借用课文中特别的写法，句式有点变化会更好。

（学生在本子上练写。）

师：请几个同学来读一读，自己写的东西要珍惜，把它当作课文来读，用心读。

生：我的童年生活是自由的、快乐的，没人管没人骂，冬天到水里游泳捉鱼（生笑，师插话：搞错季节了。）夏天到河里游泳捉鱼。栽花时把种子踢飞也没事，铲地时把谷穗铲掉留下狗尾草也没事，浇菜时把水浪费了也没事，拔草时，把可以吃的连根拔了也没事……

师：没事，什么都没事，真的没事。（众大笑）他用了生活化的语言——没事，写出了那种自由和快乐。

……

虞老师在引导学生细研课文时，自始至终都关注"怎么写的"，使学生在体验、感悟的同时，发现了作者表达的秘妙。研读"自由之事"时，虞老师让学生通过具体的文本内容自主体会"怎样把一件事写具体了"；研读"自由之景"时，他又引领学生读出"一切景语皆情语"，习得"借景抒情"的写法，并顺势引导学生"诉说"与作者萧红产生的共鸣之情：我愿意（摘黄瓜），就（　　　　　）；我愿意（捉蚂蚱），就（　　　　　）；我愿意（　　　　　），就（　　　　　）。这便自然而然地做到了"以读促写，以写促悟"，使阅读教学得意亦得言。

薛老师在学生体验文本之情趣的同时，旗帜鲜明地引领学生聚焦文本的艺术表达，将"体验"与"表达"融入一个板块当中。在进一步讨论作者为何花许多笔墨写园子时，薛老师适时引入"借物抒情"的表达方法，并巧妙地将文中含蕴的笔法转换为学生练笔的内容和目标：请你学习作者写园子的语言去写一写作者的童年生活。学生在课堂上"用笔思维"，融会文意文法，展开想象，又有创造，这种心领神会后的倾吐，显得弥足珍贵。

值得我们关注的是，两位老师不约而同地给我们提供了读写结合的科学范例——将领悟写法的训练与课文内容的理解体验融为一体，相辅相成，言意互得，相得益彰。

（作者：安徽省怀宁县石牌镇中心学校　李竹平）

二、是啊，你让我觉得……

　　阅读教学既然是对话，当然也蕴含着交际的性质。如何让交际产生"正向"效应呢？其中一个比较好的方法就是交际双方互相强调彼此的观点，认为这个观点对彼此都很有启发。这样，不仅使得交际的一方感到自己的观点被认可，而且还产生了更深远的意义。自然地，交际双方会更加认为对方值得信赖，而使交际活动走向深入，甚至产生比较牢固的友谊。在很多时候，我们普通的课堂并不能做到这一点，很多老师只会简单地回应孩子们的表现，比如"好""是的""你说得对"等等，当然，这样的回应有时候也是需要的，因为有些孩子的表现只代表了大家的表现，因此"冷处理"是有道理的。然而当孩子有个性化的表现的时候，教师确实需要对孩子的表现作强调。下面的案例中，两位名师十分擅长这样的教学艺术，我们试举几例。薛法根老师："你这么一描述，肥得还真惹人喜爱了！""淘气、调皮，这是小鸟天性，就像你们一样！""请坐，非常好。小鸟离人越来越近的时候，它离笼子越来越远。想起一首歌，不知道大家有没有听过。"窦桂梅老师："你真会体会这儿化音。听起来很舒服，感觉它小得好可爱。""'估计'用得好，其实比手掌还小，从小嘴儿到小尾巴也就十厘米。""即便是金子做的笼子，我的叫声也不如在林间那么自在欢畅。就这样一而再，再而三地呼唤，让我们把这几首诗连起来，再次呼唤。""是啊，方寸之地，何谈信赖！这渴望获得生命尊重的鸟，即便死，也不愿被笼子囚禁。这笼子也许就像它们的牢笼，说不上就是自己的坟墓呢！"

　　可想而知，在这样的课堂上，孩子们的表现怎能不吸引眼球呢？

名师对对碰及一线教师品析

化繁为简　由浅入深
——薛法根、窦桂梅《珍珠鸟》教学赏析

《珍珠鸟》这篇课文为我们生动地描述了珍珠鸟在作者冯骥才的细心照料、诚心呵护下由害怕人到亲近人的变化过程，从而告诉我们：信赖，往往能创造出美好的境界。文章按照时间顺序叙述了"我"和珍珠鸟一家三口从相识、熟悉、亲近，到相依相伴的变化过程，精心勾勒了小珍珠鸟的形象，谱写了一曲人与动物之间的爱的颂歌，含蓄地表达了尊重对方的生存空间、思想空间，真正做到不以强凌弱，不以大欺小才能建立起"信赖"的思想内涵。特级教师薛法根和窦桂梅对于这篇文章的教学虽大相径庭，各有妙招，但殊途同归，扎实有效。

（一）整体把握文本

薛法根：简约而不简单的朴实

师：读了课文，在你的印象里，珍珠鸟是怎样一种鸟？结合课文中的描写，用自己的话描述一下。

生：我印象中的珍珠鸟长着红色的嘴巴、红色的脚、灰蓝色的毛，后背还长着珍珠似的白点，样子很可爱。

师：你描述的是成年的珍珠鸟的外形。

生：我印象中的珍珠鸟也是红嘴红脚，灰蓝色的毛，只是后背还没有长出珍珠似的白点。它好肥，好肥，好肥……

师：我们知道了，它好肥。（众大笑）

生：好像一个蓬松的球儿。

师：你这么一描述，肥得还真惹人喜爱了！

生：我印象中的珍珠鸟很调皮，它一天到晚都坐立不定。

师：淘气、调皮，这是小鸟天性，就像你们一样！

生：我觉得珍珠鸟美丽、活泼、可爱、淘气，好像一个天真的孩子一样，

让人喜欢。

师：你把珍珠鸟当孩子看了，你也很可爱！

生：我觉得珍珠鸟能与人和睦相处，很善良。

师：鸟也有人一样的感情。

生：我印象中的珍珠鸟喜欢躲在丛林里，叫声非常好听。它们生活得很自由，很快乐。

师：这是所有的鸟儿都向往的生活。

生：我觉得珍珠鸟是一对一对生活的，好像一对对的夫妻一样，分不开。

师（惊喜地）：你是怎么发现的？

生：课文中讲朋友送我珍珠鸟的时候是一对，而不是一只，说明珍珠鸟是一对一对的。

师：你真会读书，真会思考！

生：老师，我觉得这是朋友不让珍珠鸟寂寞才送一对的，不一定是夫妻。

师：这是一个有趣的话题！但珍珠鸟的确是一对一对生活的，就像鸳鸯一样。

生：我印象中的珍珠鸟是胆子很大的，它敢在主人的家里飞来飞去，还敢站在主人的肩膀上睡觉呢。

……

薛老师为了让学生充分了解珍珠鸟是怎样一种鸟，让学生多达11次地讲述珍珠鸟的特点以及自己的感受，既让他们不由自主地回顾了课前所搜集到的珍珠鸟的信息，又不露痕迹地引发他们温习了前面所学习的知识，还让学生合理地运用语言把这些信息和知识有条不紊地表达出来。学生充分的交流得益于教师简约的提示和串联。教师面对学生夸张、延伸的讲述只是运用了"你这么一描述，肥得还真惹人喜爱了！"与"这是一个有趣的话题！"这样简洁而又不失智慧的评价，显得从容而自然，体现了薛老师所倡导的"简简单单教语文，扎扎实实促发展"理念。

窦桂梅：温度而不失度的演绎

师：从题目上看，你觉得这鸟怎样？

生：珍珠鸟长得一定很好看，很讨人喜欢。

师：想看看吗？（出示图画）你觉得这鸟怎样？我愿意听到同学们看到之后再读题目的感觉。

生：珍珠鸟，好小啊。（学生读题目"珍珠鸟"，读得很美，很轻。）

师：让我们打开课本，看看作家冯骥才是怎么写珍珠鸟的。

师：用课文中的句子，用你自己的话，让我们一起分享你的读书收获。

生：我发现珍珠鸟很小。

师：珍珠鸟怎样小巧？读给我们听听。

（生读。）

生：珍珠鸟长得的确很小。我发现课文写珍珠鸟"小"的词语很多，"小红嘴儿"。

（师引导读出儿化的"小"。）

师：你真会体会这儿化音。听起来很舒服，感觉它小得好可爱。

生：小脑袋。（读得很轻快。）

生：小红爪子。（读得很轻柔。）

师：知道这珍珠鸟有多大吗？

生：估计就我手掌大小。

师："估计"用得好，其实比手掌还小，从小嘴儿到小尾巴也就十厘米。（教师用手比量，有些学生情不自禁比量，还感叹"真小啊"。）

师：咱们把你们发现的这几个词，以及刚才的感受送到句子中读读吧。

生：跳动的小红爪子踏在纸上发出嚓嚓的响声。（学生读得活泼。）

生：却见它们可爱的鲜红小嘴儿从绿叶中伸出来。（感觉珍珠鸟的好玩。）

生：忽然有一个小脑袋从叶间探出来。（感觉珍珠鸟的可爱。）

师：你还发现了什么？谁还有发现？

生：珍珠鸟啼叫的声音也很小，又细又亮，一定很清脆——"从中传出笛儿般又细又亮的声音，显得格外轻松自在了……"（学生朗读课文。）

生：我发现了，珍珠鸟胆子小！课文说"它是一种怕人的鸟"。

师：这位同学读书真细心。好，你领着我们再读这句话。

窦老师用女性那特有的嗓音灵活地驾驭着课堂，其实在她富有魅力的嗓音背后更富有韵味的是有温度的评价语言。同样是了解探知珍珠鸟，窦老师的语言更能亲近儿童，调动他们的内需，激发他们的兴趣，借"用你自己的话，让我们一起分享你的读书收获"以及"好，你领着我们再读这句话"这样富有"温度"的语言引导、启发孩子，让他们感受到教者的关心和呵护，温暖了孩子的心灵，启发了孩子的情智，让学生乐学，使教者善教。

（二）引进课外资源

薛法根：哲理而不悖理的智慧

师：请坐，非常好。小鸟离人越来越近的时候，它离笼子越来越远。想起一首歌，不知道大家有没有听过。

（播放歌曲《囚鸟》片段：我是被你囚禁的鸟，早已忘了天有多高。如果离开你给我的小小城堡，不知还有谁能依靠？）

……

师：是不是所有的人对待鸟儿，都是和作者冯骥才一样的态度？可能会不一样。下面我们比较一下筱敏《鸟儿中的理想主义》和冯骥才《珍珠鸟》。继续探讨，第一，根据筱敏《鸟儿中的理想主义》中的分类，在笼中的鸟，可以分为哪三类？珍珠鸟属于哪一类？第二，对于鸟儿的情感态度和看法，冯骥才和筱敏有什么不同？两个人的看法好像不一样。两分钟比较阅读，比一比，想一想。拿起你的笔，关键的地方，圈画一下。

……

师：电影《肖申克的救赎》，也叫《刺激1995》，非常精彩，是根据斯蒂芬·金的小说改编的。里面有个人物，叫老布，老布被关了一辈子，后来年纪大了，被放出去了，放出去以后，他就自杀了，他不想离开监狱。然后，监狱里面的朋友评价他，说了这么一句话："老布没疯，他只是体制化了。起先你恨它，后来你习惯，到后来你不能没有它……"

在这一教学片断中，薛老师围绕珍珠鸟的"笼子"为关键词展开教学，反复地引用课外相关资料。从《囚鸟》片段引发学生思考：小珍珠鸟到底要不要离开笼子？并就此进行思维的碰撞，智慧的交流，感悟到那垂着吊兰、铺着干草的笼子并不就是束缚小珍珠鸟的囚牢，而因为有它父母的存在更像一个温馨的家。从筱敏《鸟儿中的理想主义》中笼中鸟的反复试飞、绝不停息与文中鸟相比，使学生感受到后者的智慧与豁达——要随遇而安，以求东山再起，而不能像前者一味蛮干，最后伤痕累累，甚至危及生命，得不偿失。电影《肖申克的救赎》让学生品悟到：小珍珠鸟只是在窗口停留一会儿，绝不飞出去，而懂得它由于在笼子里和作者家里时间长了，对作者甚至笼子都有了特殊的感情，从而更能体会出信赖所产生的巨大魅力。这些有效的补充不再就文本教文本，而是活化了对象，拓展了思维，使课堂充满哲理而富有韵味。

窦桂梅：抑或诗意而不随意的渲染

师：让我们先听听千百年来笼中鸟的呼唤吧。（提供关在笼中鸟的诗句，给画面配音。）

生："……未闻笼中鸟，飞去肯飞还。"

师：从未听说笼中的鸟，飞出去的，肯飞回来。

生："……虽知主恩重，何日肯重来。"

师：我知道主人对小珍珠鸟特别的爱，比那些捕杀我们的人不知道要强上几百倍，但即便如此，如果放飞我们，我也不会再回到这里来。

生："……始知锁向金笼听，不及林间自在啼。"

师：即便是金子做的笼子，我的叫声也不如在林间那么自在欢畅。就这样一而再，再而三地呼唤，让我们把这几首诗连起来，再次呼唤。

生："见苦方知乐，经忙始爱闲。未闻笼中鸟，飞去肯飞还。"（白居易《看嵩洛有感》）

生："野性思归久，笼樊今始开。虽知主恩重，何日肯重来。"（司马光《放鹦鹉》）

生："百啭千声随意移，山花红紫树高低。始知锁向金笼听，不及林间自在啼。"（欧阳修《画眉鸟》）

师：这诗中的"笼中""笼樊""金笼"，再精致华美、精心装扮的笼子，也挡不住它们的呼唤。它们呼唤，离开这笼子回到哪里？

生：回到密林深处，回到它们自己真正的家。

师：回到课文第一句。作者以为这笼子就是鸟儿的巢，在鸟的眼里，笼子和巢、家一样吗？它们的巢应该在哪里？（播放象形字"巢"的演变过程。）

生：它们呼唤的，是要离开这些笼子回到森林，到属于它们自己的树上的巢，那才是它们真正的家。

师：是啊，方寸之地，何谈信赖！这渴望获得生命尊重的鸟，即便死，也不愿被笼子囚禁。这笼子也许就像它们的牢笼，说不上就是自己的坟墓呢！

同样是围绕"笼子"进行教学，窦老师却引用了与笼中鸟相关的诗句，在这种不断穿插诗句的设计环节中，学生了解了千百年来鸟在笼子里的独特感受，与文中的小珍珠鸟惺惺相惜。前者把笼子当作"牢房"，后者虽然把笼子当作暂时的"家园"，那是因为自己父母还在里面，而且是作者与小珍珠鸟彼此信赖而产生的结果，而非小珍珠鸟真正想要待在笼子里和作者家里。这里窦老师运用古诗启发并引导学生进行深度的感受，从而感悟信赖的更深层次的含义，那就是学生所言的让珍珠鸟回归"密林深处"，还它们以真正的自由。另外，古诗的合理运用本身就是教学中一段优美的插曲，加上教者富有诗意的语言渲染和补充，使学生既了解了这些诗句的大体含义，又受到诗意的熏陶和感染，让语言变得诗情，让情感变得纯粹，让心灵变得丰盈。

（作者：江苏省宝应开发区国际学校　李永顺）

三、别急，我们先谈谈其他

在课堂教学的开始，尤其是公开课，很多孩子一般都急于想知道这节课要学习的内容，他们会在心中问："这是一篇什么样的课文呢？在这篇课文中，老师准备带给我们什么呢？"有的名师便很好地利用了这样的心理期待效应，偏偏不在课前给孩子们要讲课文的感觉，而是暗示孩子：不要急，我们先谈谈其他的话题。这个其他的话题一般都是老师精心设计的，看似跟学习内容没关系，实际上正是打开文本大门的钥匙。但，一般来讲，教师跟孩子们谈其他内容，孩子们的"防备"或者紧张心理会慢慢消除，而当他们知道，跟他们谈的所谓其他话题正是他们理解文本的钥匙时，我们也能预测到课堂会是怎样一种气氛了。在下面的课例中，金明东老师的"5＋2＝"，陈金才老师的"星期天的故事"，张祖庆老师的"莫言和张艺谋的关系"，一开始便激起了孩子们的好奇心。然而，在课堂行进的过程中，孩子们越来越兴奋，他们恍然大悟：原来老师是这样的用心良苦啊！其实，这样的教学技巧，我们也是能做到的。

名师对对碰及一线教师品析

如何走进 《穷人》
——微探三位名师"走进文本"的路径

金明东老师走进《穷人》片断

师：课前我想出道题考考你们，谁敢举手？

（一生举手。）

师：你为什么敢在不知道题目的情况下举手？

生：因为我有充足的勇气。

（师板书：5＋2＝）

生：7。

师：我要问的就是这个问题。（问一没举手的学生）有什么想说的吗？

生：我没想到会是这么简单的题目。

生：说明我们不够自信，很多简单的问题也不敢回答。人生中有很多问题其实也很简单，可能都这样错过了。

师：出这样一道题我想说明两点：第一，有缘相见。一个人的一生中会有许许多多机会，有的人会抓住机会，而有的人会与机会擦肩而过。机会是给勇敢、智慧而且有准备的人的。第二，5＋2指的是——

生：课文中的桑娜原来有五个孩子，后来又收养了两个孤儿的意思。

师：这道题在数学里的答案是唯一的，而在语文里的答案或许是多种多样的。

就这样，"5＋2"成为贯穿课堂的主线，追寻答案的过程也是学生深度解读文本、探寻人间真情的过程。通过"5＋2"，学生读出：五个孩子的家庭现状是夫妇不分昼夜辛劳还只能勉强填饱肚子的艰难；桑娜不知道为什么要抱回孩子，但非这样做不可的善良；忐忑不安不是顾虑自己，而是担心丈夫会更加辛苦的关爱；宁愿挨揍也要这样做的决心和渔夫愿意带着七个孩子熬下去的无私……一字一词总关情，"5＋2"承载的太多太多，答案也是多维度、全方位的：等于更艰苦的生活，等于美好的心灵，等于沙俄王国的残暴制度，等于桑娜和西蒙的深厚友谊，等于桑娜的朴实、善良，等于在困难中乐于助人的精神，等于同情心，是母爱的伟大，是爱护每一条小生命，是坚强……有了"5＋2"的辅助，文本在学生手中变得饱满而厚重。没有一个"穷"字，却也咀嚼出了穷人生活的困苦和艰辛；没有一处鞭笞社会现象，却也揭示出了现实的残暴和冷酷；没有一个词赞扬，却也体会到了穷人的无私和互助……

陈金才老师走进《穷人》片断

师（板书课题和作者）：今天，老师要和同学们一起学习俄国著名作家列夫·托尔斯泰的一篇文章，题目是——穷人。

（生齐读课题。）

师：我先出个问题考考大家，请认真听。假如是这样的：这是一个星期天，你一早就出去玩了，没打招呼，也不给家里任何消息，中午不回家，傍晚还不回来，一直到晚上10点多钟，你才悄悄地从小区的大门溜进来。一进大门，就看到爸爸板着脸站着，对你说："你好啊！"试问：爸爸的这一句"你好啊！"包含着哪些意思？

生：爸爸说的是反话，意思是：你很不好！

生：爸爸在责备——你怎么才回来？

生：爸爸很生气——你太不像话了，看我怎么收拾你！

生：爸爸很伤心——你竟然是这样贪玩的一个孩子，太让我失望了！

生：爸爸很担心——你没事吧？

……

师：同学们，"你好啊！"这三个字看起来普普通通，背后却包含着这么多不同的意思。这就是语言的一个特点，蕴含着丰富的信息。（板书：语言——信息）一句话是这样，一篇文章更是这样，我们阅读文章，就是要读出文章中蕴含着的信息。

《穷人》之所以成为经典，是因为每一个字、每一处标点，每一个动作、每一处语言，每一个心理、每一处环境，都在诉说着作者看到的社会现象和深深思索。陈金才老师与学生进行的课前谈话让学生找到阅读的方法：从细微处探寻文章中蕴含着的信息。正是运用了这种方法，学生发现了平常容易被忽视的句子——"古老的钟发哑地敲了十下，十一下……始终不见丈夫回来。"学生从"古老"读出了"旧"，从"发哑"读出了"破"，从"十下，十一下"逗号和顿号的区别使用品出了"桑娜焦急而忧虑地等待，时间一小时一小时熬过去"。一个简单的叹词"唉"，在学生的口中，声音和情境、心境联系起来，速度缓慢，声音低沉，寡妇的日子有多困难，桑娜对邻居的关心和同情尽起伏在这轻轻的一声叹息上。经过"学生实践学会解读信息的方法，在小组学习中体验解读语言信息的快乐，用声音传递文本信息"学习的过程，文本像磁石一样把学生牢牢地吸引住，学生咀嚼着、回味着字里行间的精确妥帖，解读文字的密码，斟酌文字的分量，调整思想和情感，把对人物命运的担心和牵挂渗透到每一说、每一思、每一读上。

张祖庆走进《穷人》片断

师：我们来认识一个人。（出示莫言头像）他是谁？

生：他是莫言。

生：莫言就是2012年获得诺贝尔文学奖的中国作家。

师：看过莫言的书吗？

生：我看过《红高粱》，里边讲的农民非常辛勤地劳作，我看了非常敬佩！

师：莫言的代表作还有什么？

生：莫言有一本书叫《酒国》，还有一本叫《丰乳肥臀》。

师（出示张艺谋头像）：认识他吗？

生：张艺谋。

生：他是导演，好像《印象西湖》是他导演的。

师：是的，他拍了一系列很不错的电影和印象系列。（出示莫言和张艺谋图像。）张艺谋和莫言之间有什么关系？谁知道？

生：张艺谋导演的电影《红高粱》是根据莫言的小说《红高粱》改编的。

师：说得太对了！改编让一件艺术品变成另外一件艺术品。无论是莫言的《红高粱》，还是张艺谋的《红高粱》，都是我们的精神财富。

师（出示雨果头像）：他是法国大文豪维克多·雨果。大家对他有所了解吗？

生：我知道他的代表作有《笑面人》《悲惨世界》《巴黎圣母院》。

师：是的，雨果擅长写底层劳动人民。这又是谁？（出示列夫·托尔斯泰头像。）

生：他是列夫·托尔斯泰。

师：这两人有什么联系？

生：我知道我们今天要上的《穷人》就是列夫·托尔斯泰根据雨果的一首诗改编的。

师：预习得很充分！是的，法国大文豪雨果写了一首叙事诗《可怜的人们》，列夫·托尔斯泰读到了这首诗，深受感动，于是，把诗改编成了小说，题为"穷人"。小说发表后，引起了很多人的共鸣，大家都被深深感动了。今天我们就来研究列夫·托尔斯泰是怎么把这首诗改写得那么精彩的。

张祖庆老师引领学生从文学常识的角度走进《穷人》，学生初知了一种文学处理的形式——改编，初识了三位文学巨匠——莫言、雨果、列夫·托尔斯泰，初涉了一组经典文学作品——《红高粱家族》《可怜的人们》《笑面人》《悲惨世界》《巴黎圣母院》……这类走进文本的素材是一种栽种，是一种培植，为学生接触更多的文学作品留下一扇虚掩的门，相信他们会在课下或者是合适的时间进入。

课堂上学生用心触摸《穷人》，通过环境描写、心理描写、动作描写、言语描写、细节描写和容易忽略的细枝末节，发现、品析列夫·托尔斯泰是怎么把诗改写得那么精彩的。文学作品中"每句话里都有一颗心"，经典作品更是这样。王尚文先生指出，心在言语中的呈现状况是相当复杂微妙的，或直接或间接，或自觉有意或情不自禁，纵横交错，千姿百态。列夫·托尔斯泰笔下"睡觉还早"这个隐性写时间的句子毫不起眼，在其他教师的课堂上没有任何痕迹可循，在张老师的课堂上，经过课文前后的勾连，四个字折射出了"桑娜每天从早到晚，甚至是从早到早地忙碌。尽管如此，生活也还是衣不蔽体、食不果腹的穷困"。列夫·托尔斯泰笔下的西蒙在其他课堂上只是个死去了的母亲，是个近乎一语带过甚至忽略不提的角色。在张老师的课堂上，学生通过西蒙丰富了对于"穷人"的认识，对比着桑娜的忐忑不安，再现了西蒙深爱着孩子的母亲临终前的百感交集、愁肠百结。

课前谈话是"裁剪的艺术"，三位名师面对经典作品在选取走进文本的素材时有选择、有排弃、有割爱，或是从概括性知识，或是从方法性知识，或是从体验性知识，选择了最为合适的素材作为通向文本深处的路径。路径有异，却殊途同归。课前谈话是一种点燃，是一种激发，是一个语文的视角。从学生需要的角度和文本特质出发设计切入点，触及学生的情感和意志领域，把学习内容巧妙地渗透其中，合理融合，攻坚克锐，为学生细细品味文本的肌理和特质打下基础，让随后的学习呈现出"复行其上，豁然开朗"的境地。

（作者：安徽省宿州市埇桥区第十二小学　葛　莉）

四、因此，课文会这样写……

　　逻辑的力量在于它不以人的意志为转移，因为逻辑有着自身的一套规则。孩子们喜欢不喜欢在逻辑的规则里前进呢？当然愿意。因为在逻辑的规则里，他们被某种力量推动着，但他们却不知道要往哪个方向前进，他们的目的地是什么，这对孩子们来说是一个挑战，这种挑战自然会让他们感到很刺激。比如在下面的教学案例中，薛法根老师在执教《燕子》时，说："注意这一句里面有一个词语，读一读！""什么叫赶集？你赶过集吗？""上街叫赶集？怎样的上街才叫赶集？你一个人上街叫不叫赶集？""赶是急匆匆。那一个人急匆匆地上街叫赶集吗？想一想。"就这样一步一步按照"因为……所以……"的规则前进，一直到最后——"所以要准确地概括这一小节的主要意思，写的是燕子在春天从南方赶来。应该写两个关键词：春天和赶来。"而祝禧老师执教的《燕子》，也同样遵循了逻辑规则："哦，你看到草儿、芽儿了，是吧？它们都来了！你看到什么了？""除了这些，你们从文字中还看到了什么？""美啊，是要我们仔细揣摩，细细品味的！这春天的美景究竟美在哪儿？就让我们仔细去品味！接着看课文，这样的美景究竟美在哪儿？"……一直到最后教师下结论："小燕子赶来了，也加入这个行列中去，为春光增添了许多生趣！你们瞧，这柳枝摇曳，细雨洒落，这微风轻拂，桃花盛开，再加上这活泼可爱的小燕子的到来，这春光真的是烂漫无比。"我们在他们的课堂上看到的是一派积极的探究的氛围，课堂中孩子们的情绪十分高涨。

名师对对碰及一线教师品析

相同的文本， 不同的选择， 异样的精彩
——薛法根、祝禧《燕子》教学片断赏析

《燕子》节选自郑振铎的散文《海燕》，课文描写了燕子的外形和它在烂漫无比的春天从南方赶来，在天空中、湖面上飞行，在电线上休息的情景。文章语言清新明快，是一篇经典的老课文。最近，学习了薛法根、祝禧两位特级教师执教的《燕子》，带给我诸多新启示。

薛法根老师教学片断

师：请你轻声地读一读第二自然段，注意一句话一句话地读，每一句话写的是什么事物？读第一句，读！

（生齐读第一句。）

师：写了哪两个事物？

生：微风、细雨。

师：好的。第二句呢？读！

（生齐读第二句。）

师：写了哪些事物？

生：柔柳、嫩叶。

师：第三句，读！

（生齐读第三句。）

师：它写了哪些事物呢？青的草，简称——

生：青草。

师：注意这一句里面有一个词语。（出示词语）读一下！

（生齐读：赶集。）

师：什么叫赶集？你赶过集吗？

生：上街。

师：上街叫赶集？怎样的上街才叫赶集？你一个人上街叫不叫赶集？

生：急匆匆地上街。

师：急匆匆的？哪个字的解释是这个意思？

生：赶。

师：赶是急匆匆。那一个人急匆匆地上街叫赶集吗？想一想。

生：很多人。

师：对了，很多人。大家在约定的时间急匆匆地往集市上去，这样的情景叫——

（生齐读：赶集。）

师：想象一下赶集的时候集市上的情景是什么样的。

生：热热闹闹的，还有许多讨价还价的声音。

师：好的，人声鼎沸。

生：是热闹非凡的。

生：人山人海的。

师：大家在集市上买卖货物。课文当中啊，它这样说——（出示句子）读。

（生齐读：像赶集似的聚拢来。）

师：课文当中讲谁去赶集？自己再读一读。

（生再读。）

师：谁去赶集啊？好，一起说。

生：青草，绿芽，鲜花。

师：它们像人一样跑着去的吗？

生：不是。

师：青的草，绿的芽，各色鲜艳的花都像赶集似的聚拢来。它们和人去赶集有什么相同的地方？

生：都很多。

生：都很急。

生：都是赶出来的，赶到那边去了。

师：赶到哪边去了？（生一时答不上来）赶到该赶的地方去了。

（生笑。）

师：它长出来了，它就像人赶集一样，到哪个地方去了呢？到了春天里。草长出来了，芽发出来了，鲜花盛开了，这样的情景叫"像赶集似的聚拢来"。读一读这句话。

（生齐读：像赶集似的聚拢来，形成了一个烂漫无比的春天。）

师（出示句子）：读一读前面三句话，写了哪些事物？读！

（生齐读：微风，细雨，柔柳，嫩叶，青草，嫩芽，鲜花，春天。）

师：这些事物都是写——

生：春天。

师（对照板书）：前面三句写的是什么？用这个同学的概括就是——

生：春天的景色。

师：但是这一小节这三句话后面还有一句话，最后一句一起读一下。

（生齐读最后一句话。）

师：这句话写的是小燕子怎么样？

生：从南方赶来。

师：对了，燕子是冬天去了南方，到了春天又从南方回来。你看，这里写出了一个——（对照板书。）

生：回来。

师：它在什么时间从南方赶来的？

生：春天。

师：所以要准确地概括这一小节的主要意思，写的是燕子在春天从南方赶来。（对照板书）应该写两个关键词：春天和赶来。

师：下面同学有没有这样概括的？像这样的段落，写了两层意思，我们要把两层意思归纳在一起，用一句话来概括，也可以用两个词来概括。

收获一：在这一教学片断中，薛老师侧重把目光聚焦在语言文字上，充分发挥《燕子》的"例子"作用，培养学生的概括能力。由句凝练成词，再去勾连句与句之间的关系，在分析、比较中学生逐步明晰了概括的方法，在潜移默化中培养学生思维的缜密性。然而，这绝不是最终目的，因为，在概括的过程中，语言本身已经散发出了强大的魅力，在"春天"和"回来"这两个关键词中浓缩的是燕子对春天的依恋，更是作者对燕子的喜爱。这样的阅读教学，具有语文的专业特点，学生学到了生活中学不到的东西，体现了语文课堂教学鲜明的成长性。

祝禧老师教学片断

师：是呀！小燕子从南方飞回来了，飞到了这美丽的春天，它们看到了怎样的美景呢？自己读第二自然段，在你眼前出现一幅怎样的美景？

生：我看见青的草，红的花，黄色的嫩叶和各色鲜艳的花，都像赶集似的聚拢来，形成了烂漫无比的春天。

师：哦，你看到草儿、芽儿了，是吧？它们都来了！你看到什么了？

生：我看到花草生机勃勃。

生：花儿、草儿的颜色很鲜艳，它们都长出来了，很漂亮！

师：除了这些，你们从文字中还看到了什么？

生：千万条柔柳展开了嫩叶。

师：看到柔柳了吗？什么样的柔柳？柳枝在干什么？

生：在伸懒腰！

师：哦，春天来了！你看，多有意思的画面呀！老师读了这段文字，就好像真的看到了这幅画面。柳枝摇曳，鲜花盛开，细雨洒落，一派美好的景象！同学们，你的脑海中是不是也浮现出美妙的画面？有什么感觉吗？

生：生机勃勃。

师：如果你用一个字来形容景色，是什么？

生：美。

师：美啊，是要我们仔细揣摩，细细品味的！这春天的美景究竟美在哪儿？就让我们仔细去品味！接着看课文，这样的美景究竟美在哪儿？请一位女生读第二自然段。

（生读。）

师：你有什么感觉？

生：春天很美！

师：美在哪儿？

生：美在春天的美景和燕子融合在一起。

师：你从哪里体会到的？

（生再读第二自然段。）

师：你们发现了吗？这里有一个词"赶集"，赶集是什么意思？

生：好像去超市。

师："赶集"中的"集"不是"超市"，是"集市"。谁去赶集？

生：小燕子。

师：那时候，农村里的人去赶集。你知道他们为什么会去赶集吗？拿什么去集市卖呢？

生：青菜、白菜、萝卜。

师：拿这些去干什么？

生：去卖！

师：那不用赶啊？

生：如果不赶，会被人家抢去摊位的。

师：那该怎么去？

生：赶快去！

师：去迟了卖不掉的！那时候，农村人带着农副产品去集市卖，就叫"赶集"。那时的景象就叫"赶集"，谁去赶集？

生：小燕子、花、草、柳树。

师：它们是怎样来赶集呢？为什么来赶集呢？我们就是那些花草树木，我们一起去赶集。你演谁？你呢？

生：草儿、红花……

师：桃花、桃花，你急急忙忙去赶集，看你的脸红扑扑的，你带什么来赶集？

生：红色。

师：红艳艳的颜色吗？这么美的颜色！还带了什么？

生：花香。

师：清清的花香，这芬芳的花香也是你带来的吗？你带来了清清的花香，带来了红红的色彩，还带来了妖娆的舞姿。所以，这桃花急急忙忙地赶来了！

你们说，好不好？

师：柳树、柳树，你是怎么来赶集的？

生：我飞快地奔来了。

师：这动人的舞姿是你带来的吗？这动人的色彩是你带来的吗？为什么带这些来？

生：因为这里很美。

师：你看，树儿来了，花儿来了，草儿来了。你看，它们都来了！它们都像——形成了——。真是"等闲识得东风面，万紫千红总是春"。

（生有感情地读第二自然段。）

师：你看，这么美的春天来了！小燕子看到我们，它会怎么说呢？

生：哇，这么美的景色，我要赶快生孩子！

生：哇，好美啊，我要在这里住下。

生：哇，我们也要赶来，为春天增添一份生趣。

师：小燕子赶来了，也加入这个行列中去，为春光增添了许多生趣！你们瞧，这柳枝摇曳，细雨洒落，这微风轻拂，桃花盛开，再加上这活泼可爱的小燕子的到来，这春光真的是烂漫无比！让我们再一次读一读，读出这春天的风光无限。

（配乐，生再读第二自然段。）

收获二：在这一教学片断中，祝老师将文字同图画、音乐融通，让语言本身承载的情境更加生动、丰富，课堂也变得温润起来。祝老师诠释的是这样的理念——语言是需要在生活和意义中学习的，在这样的基础上，还安排了多种形式的朗读，努力调动儿童多种感官的积极参与，寻求多种感官的融通，进而去体悟诗中有画、画中有诗的意境。儿童绘声绘色地叙说，让小燕子始终飞在儿童的生活世界里，儿童的人文精神得到极大滋润与涵养。

不同的选择，异样的精彩。面对同一个文字片断，两位特级教师向我们呈现了不一样的精彩。两位老师都在教"语文"，无论是薛老师"语言魅力"的揭示，还是祝老师"文化追求"的主张，他们都依据学生、文本特点，选择了适合"语文"教学的内容，让我们看到了学生在他们课堂上的成长。两位特级教师的课，是对《义务教育语言课程标准》（2011年版）中"义务教育阶段的语文课程，应使学生初步学会运用祖国语言文字进行交流沟通，吸收古今中外优秀文化，提高思想文化修养，促进自身精神成长"这段话的最好注解。王尚文先生说："语文教学的弊病，我以为病象虽在'教学'，而病根却往往是在'语文'，'语文'缺乏一定的根底，'教学'往往会越研究越糊涂，甚至还不如不研究好。"这启示我们，备课的重心应回到"教什么"上来。"用什么教"与语文课程目标是否一致？"教什么"是否切合学生的实际需要？……无论什么教学风格，无论什么教学主张，语文"教什么"这一点绝不能改变，在这一基础上，语文教学可以拥有"异样的精彩"！没有这样的基础，语文教学一定会"越研究越糊涂"。

（作者：江苏省扬州市江都区实验小学　田小秋）

五、等着，陪你一步一步来

　　有一个故事叫《青蛙看海》，讲的是一只青蛙想看海，但要翻越大山，青蛙很绝望。后来小松鼠指导并陪着它一个一个台阶地向上登攀，最终它们一起看到了大海。这个故事告诉我们，面对暂时难以实现的理想，可以将艰难的征程分解成细小的步子，即所谓"不积跬步无以至千里"。一般老师在提出学习目标之后，往往便感到束手无策了，其实只要学习小松鼠，能够指导并陪着孩子将看似难以完成的大任务化解成一个个小任务，孩子们便一定能够积极投身于课堂，使课堂呈现出别样风景。在下述案例中，薛老师从"日"字开始一步步让孩子认识"揠"，而戴建荣老师则用"拔"一步步与"揠"对比，使孩子们理解了"揠"。在讲故事环节中，薛老师通过一步步"戴帽子"讲述，而戴老师则让孩子一节一节地练习讲述。技巧不同，然则效果一样精彩。

名师对对碰及一线教师品析 1

相同的选择　异样的精彩
——薛法根、戴建荣《揠苗助长》教学片段赏析

　　《揠苗助长》是一篇经典寓言。薛法根和戴建荣两位名师在执教时都把"揠"字作为一个教学重点，都同样指导学生讲故事，但却有着完全不一样的精彩。

薛法根老师"揠"字教学片段

　　师：上语文课，首先我们要识汉字。（板书：日）认识吗？下面加个

"女"，认识吗？"妟"读 yàn，安静、安宁的意思。

（生读。）

师：再加一个框——"匚"，这个"匚"也是一个字，读 xì，"妟"字加"匚"后还是读 yàn，是把东西藏起来的意思。再加上提手旁，合成一个新的字——"揠"，读作 yà。

师：汉字非常神奇，有许多汉字是由独体字一个个合成的。（板书：合体造字。）

薛老师善于根据汉字的特点，化繁为简，从"日"字导入，通过"日妟匽揠"的组合变化，教给方法，揭示规律，让学生在饶有兴趣中牢牢地记住了"揠"字和合体造字法。"揠"字的教学扎实而有新意，显示了他深厚的汉字学功底。

戴建荣"揠"字教学片段

师：今天，咱们一起来学习一篇寓言故事，故事的名字是——

生：揠苗助长。

师：咱们一起来写这个"揠"字。（板书：揠）读一读。

（生读。）

师：会读会写了，懂它的意思吗？

生："揠"的意思是"拔"。

师："揠"真的是"拔"的意思吗？我们都玩过一个游戏，叫拔河，这个游戏怎样才算赢？

生：把红旗拉过中间那条线就算赢。

师：对了，拔过中间那条线才算赢。看过《水浒传》吗？

生：看过。

师：好，你告诉我们，《水浒传》里有一个大力士叫鲁——

生：鲁智深。

师：有一章叫鲁智深倒拔——

生：垂杨柳。

师：也就是鲁智深一口气就把这株杨柳树给——

生：拔出来了。

师：这个"拔"字，必须要过这条——（线），出这个——（土），那才叫"拔"。这个"揠"，它只是轻轻地往上——

生：提。

师：和"拔"相比，那就不出——

生：那条线。

师：不出土的，对不对？它只是轻轻地往上——

生：提。

"揠"在大多数老师的意识里就是"拔"的意思，但是戴老师却发现了它们之间微妙的区别。通过点拨："鲁智深把杨柳拔得离开了泥土，这才叫'拔'；'揠'是把一样东西轻轻地提起来一点，但是不把它拔出来。"让学生对"揠"有了更准确的认识。"揠"字的教学可谓精彩！诚如著名特级教师周益民所言：戴老师所择取的"语文点"总是那么细微，细微到很多人常视而不见，见而不取，及至走入戴老师的课堂，才恍悟其间的价值。

薛法根"指导学生讲故事"教学片段

师：故事，不但要会读，还要会讲。请一位同学来讲一讲。

（生1借助文本讲故事。）

师：不错。第一次讲故事，叫故事新手。"兴致勃勃"这个地方要讲得精彩一点。

（师请该生重讲指出的部分，并指导个别句子中的情感表达。）

（生2借助文本有感情地讲故事。）

师：这个同学能有感情地讲故事，这叫故事能手。比能手更厉害的叫——故事高手。谁愿意做高手？

师：讲故事讲究快慢，快的地方要快点，慢的地方要慢。现在提高点要求，不看文本，根据六个词语把故事讲出来。（课件出示：巴望　焦急　筋疲力尽　生机勃勃　纳闷　枯死）

（生3根据六个词语讲故事。讲时将"往上拔"说成了"往高拔"，师适时指出。）

师：比故事高手更厉害的是——故事大王。提高要求，讲得绘声绘色一点，可以发挥想象，讲得与别人不一样。

生4：我给大家讲的故事是……（该生讲得一般）

师：第一次做大王，感觉如何？谁还有什么想说的吗？

生5：大王还得加上动作。

师：真不错！刚才算是小大王，谁来做做大大王？

（生6有表情、有动作地讲故事。）

师：大王终于出现了！每一个同学都可以做故事大王，自己在位子上讲一讲。

"揠苗助长"是一则寓言故事，薛老师提醒：学故事就必须先得学会讲故事。为了鼓励学生讲好故事，薛老师设计了有趣的考核标准，从故事新手到能手，再到高手和大王，标准逐级提升，学生的兴趣不断地被激发。更可贵的是，薛老师以亲切幽默的语言及时评价，指导如何讲好故事。真实的指导过程让我们看到了学生的进步，他们一个个都从故事新手慢慢地成长为故事大王。

戴建荣老师的"指导学生讲故事"环节被安排在三个不同的时段：一是指导学生用讲故事的方式读题；其二是学习第一节后，指导学生讲第一节内容；三是课堂最后环节指名四位学生分讲一到四节。

戴建荣"用讲故事方式读题"教学片段

师：注意速度，听我念——揠苗助长。

生：揠苗助长。

师：这只是在读词。如果要把这个故事讲给别人听，要很吸引人，会讲吗？我来讲一遍，揠苗助长（声音示范：语调先抑后扬；动作示范：右臂伸向前下方、右手拇指食指捏紧，然后轻轻向内上方提。）怎么讲的？

生：揠苗助长。（带动作读）

师：还要有——

生：表情。

师：对了！而且还要有声音的变化，这就叫作讲故事，和读书就不一样。

咱们一起把题目讲给大家听，注意动作、表情和声音的变化。预备，起——

生：揠苗助长。（有动作、表情和声音变化）

师：嗯，好极了！

用讲故事的方式来读题，并指导得如此到位，这让所有的听课老师不禁眼前一亮。当然，这一切都与戴老师本身就是一位滑稽幽默的艺术家有关。全国著名特级教师周益民对戴老师的这一特点有非常精辟的点评：戴建荣老师的课是真正需要"看"的，而且是需要现场看的。一般的文字很难复现他的课堂情景，视频则无法传递他的课堂情趣。因为，他的指尖、眉梢都在传递信息，他的一颦一笑、一指一点都在与学生互动。想想，光课题"揠苗助长"的朗读，就该响起多少会意的笑声。

戴建荣"指导学生讲第一节故事"教学片段

师：读得不错。谁能把第一节像讲故事一样讲给我们听？要有动作、有表情地讲。古时候有个人……（示范表情、动作）你来讲。

生：（站到前面讲故事）古时候有个人，盼望着自己田里的禾苗长得快些，天天到河边去看。

师：到河边去看？不着急，着什么急呀？天天到田边去看，预备起——

生：天天到田边去看……（手部动作）

师：谁能讲得比他更好？你来。

生：古时候有个人，盼望着自己田里的禾苗长得快些，天天到田边去看。可是，一天，两天，三天……（手部动作：曲臂摆动）禾苗好像一点儿也没有长高。（手部动作：向上伸臂）他在田里焦急地转来转去，自言自语地说："我得想办法帮它们长。"（皱眉、声音拖长）

（生鼓掌。）

师：这就叫讲故事，这就叫聪明啊！

戴老师在指导学生讲故事前，已引导学生通过人物的语言、动作来体会"那个人"是个"急性子"，并充分运用朗读来表现。再加上戴老师那夸张幽默的动作和表情的示范，学生把故事讲得有声有色自然也在情理之中。

戴建荣揭示寓意后让学生讲故事教学片段

师：多好啊！同学们，这个寓言故事已经讲了几千年了，今天还要再讲下去吗？

生：要。

师：我们要让我们的后人还能听到这个故事，还能明白这个道理。那我们一起讲吧！

（指名四位学生分讲一到四节。）

师：会讲了吗？

生：会了。

师：道理明白了吗？

生：明白了。

师：下课！

同样是讲故事，薛老师发挥的是语言优势，通过语言的鼓励和巧妙的点拨来激发学生的兴趣，从而把故事讲好。而戴老师更多是靠自己那夸张幽默的动作和表情的示范来引领学生把故事讲好。两位各尽所长，演绎了不一样的精彩。

（作者：江西省金溪县教研室金溪县锦绣小学　周志平　黎建红）

名师对对碰及一线教师品析 2

讲一段神话　品一出传奇
——祝禧、薛法根执教《哪吒闹海》片段赏析

哪吒这一人物形象在中国神话中似一颗耀眼璀璨的明星亮丽夺目，尤其深受小朋友们的喜爱。他的活泼、贪玩、正义等性格特点，总能与小学生进行心灵的相遇，情感的共鸣。《哪吒闹海》作为一篇神话故事，语句通俗易

懂，明白晓畅。入选教材后，到底要教给学生什么？又该怎么教？祝禧与薛法根两位名师依据神话口耳相传的特点，整堂课有近 30 分钟时间用来讲故事，在讲中品悟人物形象的特点，故事情节的生动。学生学得轻松愉悦，教师与学生平等互动，展现出生态和谐课堂的魅力。同样是"讲故事"，但经两位名师的演绎却绽放出不一样的美丽。

祝禧老师——纸上得来终觉浅，绝知此事要躬行

片段一

师：小朋友，会讲故事首先要会听故事，下面我开始讲《哪吒闹海》的故事啦！（播放一段音乐前奏后，师加动作绘声绘色讲故事。）

片段二

师：神话故事和一般的故事是不一样的。这个神话故事"神"在哪儿呢？老师再给小朋友们讲一遍故事。（生鼓掌。）我小的时候，就一直缠着爸爸讲故事，听了一遍又一遍，百听不厌！听着听着，就会讲了。接下来我讲故事时，如果你们觉得有些情节比较熟悉，就跟我一起讲好吗？（学生争抢着答应。）

师：好，我们再来一段前奏。（师第二次讲故事，学生情不自禁跟着讲起来。）

师：老师有什么地方讲得不够好，你能比老师讲得更好的，有吗？

片段三

师：下面就听小朋友们讲故事了。我们先来做故事小王，请几个孩子上前，一人讲一个片段。愿意讲的请举手。（请五位小朋友上台。）

师：你想讲哪一个部分？

生：我想讲小哪吒摆混天绫这部分。

生：我想讲故事的开头。

生：我想讲故事的结尾。

师：这五个小朋友讲故事，其他小朋友做听众。当听到讲得精彩的地方，你们就鼓掌，看哪位小朋友获得的掌声多。我给你们来个前奏（音乐起），做好准备啊！哪吒闹海的故事开始了！（音乐停，学生开始讲。）

片段四

师：神话故事中有很多人物，小朋友们可以在故事中找到自己喜欢的人物。在他们的身上，有值得我们学习的地方。很多小孩子都喜欢小哪吒，觉得小哪吒有大气概。下面再请一个故事大王到前面来讲完整的《哪吒闹海》故事，讲出小哪吒的大气概！我们来推荐一个故事大王。

生：程雨桐。

师：我们掌声请出程雨桐。

（程雨桐讲述，学生鼓掌。）

师：我们来听听故事大王的感受。

祝老师在继承传统课堂教学的基础上，以原生态的方式展现神话的魅力与特质。经典的神话常听常新，历久弥新。老师讲，学生听，学生除了听故事，还能透过老师的语气、语调，揣摩到故事中人物的喜怒哀乐，与故事中的人物进行心灵的对话。当学生再次倾听老师讲故事时，小哪吒在学生的心中复活了，所以他们才急于与老师一起讲或对老师的讲述进行补充。学生讲，大家听，祝老师遵循由易至难的规律，先让五名学生各讲一节，讲的内容虽然少了，但也让学生有了自主思维、自我创造的时间与空间，学生凭借自己的理解对故事能够进行再次创作，而对于听故事的人来说依然能够听到一则完整的故事。学生对讲故事同学的评价，也促进了自身对讲故事技巧的掌握。经过充分的铺垫与准备，学生完全能够独立讲《哪吒闹海》，也才有了程雨桐同学讲完后的热烈的掌声。祝老师的课堂上没有纯语文知识的讲解、剖析，但学生在老师的指引下能够生动形象地再现《哪吒闹海》，文本语言内化为学生的一种能力，在讲述故事的过程中物化为一种积极语言。这样的课堂大道至简，任何的烦琐分析都显得那么苍白无力。

薛法根老师——横看成岭侧成峰，远近高低各不同

片段一

师：读完《哪吒闹海》这一个故事，我们可以用几句话把它清清楚楚地说出来，这叫概述。不管多么复杂的一件事，都可以用三句话概述。哪三句话呢？第一句：哪吒为何闹海？第二句：如何闹海？第三句：闹了又如何？

请你根据这三个问题，概述一下这个故事。

（生练习概述。）

师：谁有这个本事？

片段二

师：怎样把一个故事讲得精彩呢？老师有一个法宝。

生（好奇地）：什么？

师：概述的时候，我们把一个故事变成三句话；在讲故事的时候，我们要把一句话变成三句话。有了这个本事，你就能把故事讲得栩栩如生了。我们一起来练一练吧！就看这一句："夜叉从水底钻出来，只见一个娃娃在洗澡，举起斧头便砍。"怎么变成三句话呢？

生（齐读）：夜叉从水底钻出来。

（师板书：只见。）

生：只见一个白白胖胖的娃娃在洗澡。

师："白白胖胖"多好玩啊！这叫形象！夜叉看到后——（板书：就大喝一声）

……

（师板书：哪吒转身一看，只见。）

……

师：看看课文中的插图，青面獠牙的怪物。哪吒怕不怕？

生：一点都不怕！

师：于是——（板书：就笑着说。）

师：人物一开口，故事就生动啦！现在将刚才这几句话连贯地讲一讲。

（生练习讲故事。）

师：谁有本事把一句话讲成三句话？

片段三

师：课文最后有一句话，说："从此，龙王父子再也不敢胡作非为了，老百姓又过上了太平日子。"如果你是龙王，会善罢甘休吗？

师：哪吒是一个七岁的小娃娃，一般小娃娃闯了祸，你会找谁？

师：假如你是龙王，找到了哪吒的父亲李靖，你会怎样？

师：龙王是这么说的，那么作为哪吒的父亲，他相不相信？

师：如果你是哪吒，到了父亲面前，会怎么做？

师：如果你是哪吒，会怎样来说这件事？

师：同样一件"哪吒闹海"的事，龙王和哪吒都在李靖面前讲述了一遍，这样的讲述都是对原来这件事情的转述。龙王和哪吒两个讲的一样吗？

《义务教育语文课程标准》（2011 年版）指出：语文课程致力于培养学生的语言文字运用能力，提升学生的综合素养。薛法根老师从培养学生对语言文字能够灵活驾驭的角度解构《哪吒闹海》。三次讲述，展现三种不同言语能力的培养目标。将一则故事讲成三句话，这既要知晓故事内容，又是一种概括能力的训练。将一句话讲成三句话，则是想象与表达的和谐共生，让学生知晓讲什么和怎么讲更生动。练习转述，是薛老师"言语智慧"教学主张的物化外显，依据语境和表达目的选择合适的表达方式。虽然三次讲故事的目的不同，讲法迥异，但是教会学生说话才是语文教学的独当之任。关注言语表达能力的培养，仅仅是神话教学主张的意识形态之一，薛老师的高明之处在于教给学生讲的方法，让学生有话可说、会说，学生也就敢说了。如："不管多么复杂，都可以用三句话概述，第一句：哪吒为何闹海？第二句：如何闹海？第三句：闹了又如何？请你根据这三个问题，概述一下这个故事。"在薛老师的指引下，学生思有路、讲有法，很长的一则故事也就被学生轻而易举地浓缩成三句话。在薛老师的课堂上，学生的言语思维得到训练，言语能力获得生长。

比较两位名师对教学内容的关注点和教学手法的选择，薛老师的课堂对学生思维能力和言语驾驭能力的要求相对较高。而对于三年级的学生来说，这样的课堂教学稍显拔高。如果让我来教，针对三年级学生的心智发育程度，更愿意采取祝禧老师的教法，教师教得轻松，学生学得愉悦，在经典的濡染下，让学生自然地拔节，静待花开。

（作者：江苏省宝应县实验小学　刘国军）

六、跟着，看来你还是不知道啊

　　阅读课堂中，教师有时候很像是一个引路人，就很像是一群小鸡跟着一只老母鸡一样，但又有所不同。因为，在课堂上，孩子们总喜欢看到别样的风景，如果他们所看到的风景正是心中所想的，便会降低学习的热情。所以，很多名师都喜欢创设"别以为你什么都知道，其实你并不知道"的情境，使孩子们陷入"愤悱"之中，然后展开另一幅图景，使孩子们饱尝新鲜感。这样的课堂无疑是有刺激性的，看看下面的案例，你就会明白。赵志祥在执教《白鹅》时，孩子们似乎已经理解了"表演到最后，怎么表演都不过瘾"是因为"表演的样子不够逼真"，然而赵老师却断然否认："其实，你怎么表演也没有这文字写得美。"这对孩子们来说无疑是一种"激将"。陈金龙执教的《白鹅》同样如此，孩子们似乎已经理解"步调从容……净角出场"了，但陈老师却说"看来还未见过净角出场吧，相信看过之后一定会读得更好"，而结果也果真如此。这样的课堂大大满足了孩子们的心理需求，自然也能吸引听课老师的眼球。

名师对对碰及一线教师品析

"演"与"读"的较量
——赵志祥、陈金龙《白鹅》教学片断对比赏析

　　近日，在大夏书系《小学语文名师同课异构实录》上阅读了特级教师赵志祥和青年名师陈金龙分别执教的《白鹅》一课，对课中两位名师都从"净角"一词切入，体会白鹅之高傲，从而品味文本这一教学点颇有感受。在此，

拿出来和各位共同赏析与交流。

赵志祥老师执教片断

师：知不知道净角是什么？知道的举手。净角，还有很多人不知道哦！哦，你说吧！什么是净角？

生：戏里面分正派和黑派，净角就是正派人物。

师：净角就是正派人物？我好像不太同意这个观点，请你再说说。

生：净角就是花脸。

师：我比较同意他这个观点。

生：净角就是京剧和其他戏剧里面的花脸。

师：哎呀，你说得更加准确！就是戏曲当中的那些花脸，一般的都叫净角。记住啊！以后看到花脸就说净角出来了啊！不要念净角（jiǎo）啊，那就完蛋了啊！好，净角，我们来模仿一下走路。

（生扮张飞、曹操、包公等进行表演，赵老师相机指导，课堂气氛轻松活泼，尽显文本之趣。）

师：读到这儿，我自己忍不住在房间里表演了一番。可是我读到第六段以后啊，我心里边啊，一个劲地冲动。我想表演，真的，我没找到人表演，刚好我儿子放学回来。我说，过来，小子，我当鹅你当狗。他说不，我当鹅你当狗。最后我当了狗，他当了鹅。（生笑）表演到最后，怎么表演都不过瘾。为啥？你们知道不？

生：因为表演的样子不够逼真。

师：这是一个道理，最重要的是啥呀？你怎么表演也没有这文字写得美。倒不如自己在那里捧着文章慢慢地、轻声慢语地品读一番，越读越有味！咱们不妨试试看，现在各读各的。我只看你的表情，不听你的声音，我就知道谁读进去了，谁读得有味啦。现在开始吧！

（生开始各自朗读课文，书声琅琅，生读得兴趣盎然。）

陈金龙教师执教片断

（在检查预习中，出示生词：净角）

师：知道净角是什么吗？

生：净角是京剧里一个角色。

（师指导"角"的读音。）

师：净角就是京剧里的一个行当，也叫花脸，多指一些性格豪放、说话声音很大的男子。

（出示净角图片。）

师：这就是净角，浓重的色彩，夸张的画面，也是我们国粹之一，喜欢吗？

生：喜欢。

（在学生谈最感兴趣的地方时，学生提到"步调从容……净角出场"。）

师：哦，看来还未见过净角出场吧，相信看过之后一定会读得更好，想看吗？

（课件演示净角出场。）

师：准备好了吗？我看谁最认真，看到了吗？你对净角出场想说什么？

生：我觉得净角很高傲。

师：嗯，净角很高傲。

生：出场大模大样的。

生：出场还像个老爷一样。

师：哦，鹅就像他这样走路的，再看一遍。

（课件再次演示净角出场。）

师：看到了吗？那你怎么读这句话？

（生读得有点着急，师指导得从容，又请多位学生练读，后齐读，读出了鹅走路时的高傲。）

师：这才是鹅走路呀，跟鸭子走路一样吗？我把鸭子请出来，你能读出它的不同来吗？练习练习，我把它请出来。

（请生读鸭子走路的句子，师指导朗读，在比较下再读鹅走路的句子，生在比较下读得很精彩。）

教出文本呈现出来的味道，并在课堂上将这种味道展现给学生，赵老师可谓深谙此道。赵老师用师生扮演来感知"净角"，带领学生走进白鹅，走进文本,学生自行表演,参与其中,身心融入。三个同学分别扮演,教师一一点评,其中还插述自己和儿子的表演,激发学生兴趣,在表演中让学生初步感受白鹅的高傲,然后引入文字比表演更具魅力,从而进入文本的品读。赵老师轻松活泼、幽默风趣的教学风格,在表演中,文本之趣味尽显,课堂生机勃勃,趣味盎然。

陈老师用读来感知趣味,体悟文本。他虽没有让学生自主地表演,但在课件的演示之下,让学生把趣味与体会融入朗读,通过朗读表现出来,让学生在读中感悟白鹅之高傲,并与鸭子走路进行比较之后再读。在对比中,朗读的效果得到进一步的升华。陈老师注重扎实的朗读功底,在朗读中融会学生对白鹅特点的体会以及对文本的体悟,其对朗读的指导字字珠玑,对学生朗读能力的培养可触可感。

两位名师,一个演,一个读,一个自主表演后品读,一个观表演后融入朗读。方法虽不同,但都让学生了解了"净角"一词之意,都从中感知了白鹅高傲之特点,并以此为切入点对文本进行了卓而有效的品读。效果有目共睹,实乃殊途同归。

当然,作为个人而言,在无法模仿赵老师之幽默风趣教学风格的前提下,我似乎更为欣赏陈老师之读中体悟的扎实沉稳。陈老师的教学细致周到,丝丝入扣。细心的我们会发现,就"净角"一词,教师在开课预习时便引导学生对其有了大概的了解,并融入传统文化的浸润,可谓细致入微。随后,陈老师利用课件演示"净角"的步调,让学生观看后说自己的直观感受。接着,陈老师周到地进行了二次课件演示,指导白鹅就是这样走路的,然后再指导学生将体会融入文本的朗读中。细心的他还抓住了白鹅与鸭子的对比融入朗读,让效果更上一层。他由浅入深,循序渐进,从外到内,一步一步,看似不经意,实乃精心设计,独具匠心。在他滴水不漏、游刃有余的教学步骤下,落实的是学生扎扎实实的语文能力,洋溢的是浓浓的以读为本的语文味。

(作者:广东省深圳市龙华新区民治小学　单　琼)

七、没事，其实是这样的……

在阅读教学中，理解文本是最重要的过程，然而由于课堂上孩子们的思维仓促或者知识水平的限制，出现一些错误是在所难免的。而且一般来讲，孩子们并不知道他们"犯了错误"，然而如果我们立即"义正词严"地剥开孩子们错误的疮疤，那么对孩子来说不啻是一个沉重的打击。其实，我们都知道这样的一个道理：一切文本解读都是"误读"，也就是没有完全错误的文本解读，不是解读错了，而是思维模式错了，只是有的解读不在普适性的理解范围中。有了这样的胸怀，老师们就能在指出孩子错误的同时，正确引领孩子从错误的思维模式中走出来，而不伤及孩子们自尊心，而且还会获得孩子们高度的认同感。于永正老师和武凤霞老师在这方面都做得很好。在《杨氏之子》中，于老师这样说："他的儿子说最后一句理解错了，仔细想想是什么意思。"武老师则疑惑地问："你的意思是孔君平把这个孩子叫出来的？"武老师若有所思地说："把孔君平称为夫子，那——夫子就是指孔君平吗？如果来的不是孔君平，而是张君平、李君平，还能称夫子么？"于老师则说："有点意思，但是好像形容得有些过了。"在这样的课堂中，孩子自然会获得一种安全感，因为他们绝不会害怕"犯错"，课堂表现自然也就会点亮听课老师的眼球了。

名师对对碰及一线教师品析

追寻 "上善若水" 的教学境界
——于永正、武凤霞《杨氏之子》教学赏析

孔子见水必观。看似平常的水，他品出了水的仁爱、公平、正直，及其他种种内含的意蕴。水与语文教学之间，比照后是否有相似之处呢？换句话说，我们日常的教学该追求怎样的教学境界呢？近日再读于永正和武凤霞老师的《杨氏之子》，在惊叹于他们课中纯熟的技巧、风趣的语言和扎实的功底之外，竟发现他们的教学都如水一般灵动、柔韧，真可谓"上善若水"！

（一）悦纳：海纳百川般的教师胸怀

于老师教学片断

师：能不能告诉我这篇短文讲了什么故事？

生：讲的是孔君平到梁国杨氏家里去，找他家主人。

师：他家主人？杨先生吧！

生：杨先生不在。他的儿子在，孔君平就把杨先生的儿子叫出来。

师：往下说。

生：杨氏小儿为孔君平端来水果，水果中有杨梅，孔君平指着杨梅说："它是你家的果子吗？"他的儿子说："不知道孔雀还是您家的家禽。"

师：最后一句理解错了，仔细想想是什么意思。

生：没听说过孔雀是您家的鸟。

师：很好！

武老师教学片断

生：为什么"父不在，乃呼儿出"？这个孩子才九岁，怎么能照顾客人呢？怎么不叫他的妈妈出来呢？

师：这个问题提得好。谁能解答？

生：因为知道这个孩子聪明，所以叫他出来是想考考他。

师（疑惑地）：你的意思是孔君平把这个孩子叫出来的？

生：是……不是……（学生吞吞吐吐说不清了。）

生：不应该是孔君平叫他出来的，因为这样显得很没有礼貌。

生：是管家把他叫出来的。

生：管家怎么不叫他的妈妈，而叫个小孩子出来呢？

师：这是个问题。

生：因为他的妈妈和他的爸爸一起出去了，都不在家。

师：同学们推测了很多种孩子出门招待客人的原因。我国古代，重男轻女，所以迎接客人都是男人的事情，儿子再小也是男人，他要出来招待客人。母亲呢？只能待在后堂，只有丈夫孩子请她出来见客人的时候才能出来。

（学生惊讶不已。）

王崧舟老师曾不止一次地告诫青年人，教师要想在师生对话中取得成功，首先必须得学会做一个倾听者。正是源自于老师和武老师对孩子发言的仔细倾听，所以他们不光能发现孩子语言中的细微错误，还以不同的方式做出适度且巧妙的回应。于老师果断准确地做出判断，让孩子自我诊断后及时改正。武老师则不同，自始至终让学生自己思考、自我判断，实实在在地发展着孩子的言语智慧。无论采用何种方式，教师在师生对话中总是处于一种"悦纳"的状态，体现的都是教师宽广的胸襟！

（二）濡染：春风润物般的教育智慧

于老师教学片断

师：刚才我们讨论了这个小孩的聪明。那么，我们从哪里可以看出这个小孩不但聪明，而且很有教养、很有礼貌呢？请你们轻声地读、细细地读，每一个字都要注意思考。

（生细读。）

生："为设果，果有杨梅"，从这里可以看出杨氏之子非常有礼貌，给孔君平准备了水果。

师：嗯！客人来了，赶紧端出水果，懂得待客之道啊。端出多少水果？就一种吗？

生：端出了多种水果。

师：从哪里可以看出来？

生："果有杨梅"。果子中有杨梅，证明不止有杨梅。

师：说得好。这句话中还有哪个字能说明？

生："设果"就是摆水果，如果只有一种水果是称不上摆的。

师：说得太好了！从这里可以看出，这个小孩不仅有礼貌，而且非常热情好客，端出好多水果招待客人。

武老师教学片断

师："夫子"在这里指谁？

生：指孔君平。

师：（若有所思地）把孔君平称为夫子，那——夫子就是指孔君平吗？（自言自语地）如果来的不是孔君平，而是张君平、李君平，还能称夫子么？

生（齐）：能。

师（依然做思考状）：如果来的是一个阿姨呢？

生（略略思考）：不能，因为阿姨是女的。夫子一般指男的。

师（追问）：如果来的是一个小男孩呢？

生（迟疑不敢作答）：不行，因为夫子好像指的是大人。

师：是的，夫子一般指年龄比较大的男士。

师：如果来的是一个没有文化、不识字的老农，我们可以称他为夫子么？

（生不语。）

师：我们来推测一下孔君平的身份。你认为，他应该是一个什么样的人？我相信你能从文章中找到依据。

生：他应该是一个富人，从图中我们看到他穿的衣服很华贵。

生：他应该是一个有学问的人，因为他看到杨梅就把杨氏子的姓联系了起来，而且还称这个孩子是"君"。这是对人的尊称，能对一个小孩说"君"的，一定是一个很和蔼的有涵养的人。

（师点头表示赞许。）

德国哲学家雅斯贝尔斯说："教育意味着一棵树摇动另一棵树，一朵云推动另一朵云，一个灵魂唤醒另一个灵魂。"语文教学，亦是此理！不论是摇动，还是推动，抑或是唤醒，从方法论上说，于老师和武老师在教学中所彰显出的智慧都是春雨润物般的"濡染"。你瞧，于老师让孩子沉到文本语言当中，巧妙地引导学生品出了文字背后的种种言说。而武老师呢？先给孩子提出了多种假设，后又在不断否定中慢慢清晰了词语的内涵。可以这样说吗？他们的教学一直都没有脱离语言文字。在他们的课堂教学中，语言文字"濡染"着师生，渐渐地为他们的精神生命涂了一层只属于语文的底色。

（三）臻善：大江东去般的教师的执着

于老师教学片断

师：再品课文，还能从哪里看出他聪明？

生："未闻孔雀是夫子家禽"。回答得很巧妙，说明他聪明。

师：的确回答得巧妙。他的回答可以用一个词来形容，叫作——

生：天衣无缝。

师：对，无懈可击，还可以用什么词来形容？

生：以牙还牙。

师：有点意思，但是好像形容得有些过了。

生：以其人之道还治其人之身！

师：掌声送给他！这个成语用得妙，真是太聪明了！

武老师教学片断

（师出示课文插图。）

师：从这两张图中你看出了什么？

生：看出了二人年龄的不同，看出了二人学识的不同，看出了二人地位的不同。

师：我们中国一路走来，有着千年的文化熏陶。孔子的儒家学派注重礼节教育。为什么杨氏子这样对待孔君平呢？

生：因为杨氏子甚聪明，孔君平想试探一下他怎么聪明的。

生：因为杨氏子是个孩子。

师：在我们中国的发展长河中，有一段时间战乱频繁。《三国演义》知道吗？那三国后来被司马昭统一了，称为晋国。后又分成许多小国，他们你打我，我打你，百姓的生活痛苦异常。正是因为老打仗，所以就没有时间和精力去约束人们的行为和礼节。因此这段时间盛行辩论，开玩笑。也正因为这样，我们才认识了千年以前的杨氏子。

大文学家韩愈在千年之前对教师这样定位："师者，所以传道授业解惑也"。那么，在语文教学中该不该净化孩子心灵？或者说，课堂教学是否要引导孩子向着明亮那方？毋庸置疑，于老师和武老师已在教学实践中给我们做出明确的取舍。于老师面对孩子过激的言语，看似平常的指点却让孩子学会了正确规范地使用母语。武老师则不同，将语言文字置于历史文化这一大背景之中，孩子自然而然明确了语言使用必须适时适度的道理。教者有一颗"臻善"的心，孩子自然也会有一颗相同的心。教者把"臻善"当作一种担当、一份执着，你说孩子会变得怎样呢？

课堂如水，语文向善。不论是教师的胸怀，还是教师的智慧，或者是教师的执着，希望我们能在名师的感召之下去追寻"上善若水"的教学境界。

（作者：江苏省宝应县氾水镇中心小学　戴连红）

八、正确，就是这样的

　　孩子是喜欢探究的，但探究往往具有不确定性，所以孩子有时候也需要确定。当他们积极的探究获得了肯定的答复，当他们肯定自己已经进入了学习应该进入的美好图景时，他们该有多高兴啊！很多名师就是这样，用语言描述或者暗示一种图景，让孩子去验证。因为有了图景提示的意义框架，这种验证看起来是比较容易的，孩子自然愿意尝试，当尝试成功了，孩子们的积极性自然就提高了。在下面的案例中，沈玉芬老师这样暗示："鹬和蚌是怎么相争的呢？我们一起来体验一下，注意'威胁''毫不示弱'，说的时候配上怎样的动作？怎样的神情？想一想，再练一下。""她威胁你，你威胁她，这就叫毫不示弱，刚才这样的神情就叫得意扬扬，她对你的威胁一点也不在意，你怎么办？来，再斗再争。"……最后，教师给予肯定："是啊，两败俱伤，同学们都知道这个结果，可是它们一意孤行。它们真傻，傻到连说的话都一样。"毛立业老师则这样暗示："大家想想故事里这只鹬鸟抓住了河蚌的什么弱点来威胁它？""聪明，现在请全体'鹬鸟组'来威胁'河蚌组'。"……最后，教师加以肯定："争斗得累了吧？这时可以用哪个词来形容鹬和蚌？"在这样的课堂上，孩子们会感到学习真的很有"奔头"，从而兴味盎然。当然，这种暗示，既要让孩子们有一种模糊的感知，又不能给孩子们精确的提示，因而是需要教师在语言技巧上下一番功夫的，但这对于想成为名师的老师来说，应该不是问题。

名师对对碰及一线教师品析

"争" 出异样的精彩

——沈玉芬、毛立业《鹬蚌相争》教学片断赏析

《鹬蚌相争》这则寓言通过鹬和蚌相互争吵，谁也不让谁，最后都被渔翁捉住这个小故事，说明双方互不相让，两败俱伤，最后让渔翁得利的道理。法国作家拉·封丹说："一个寓言可分为身体和灵魂两部分。所述的故事好比是身体，所给予人们的教训好比是灵魂。"寓言的语言具有鲜明的比喻特征及拟人、夸张、象征的表现手法，在强化人物形象的某个特点，凸显其行为的可笑或教育意义，以达到讽刺和教育效果的背后，隐含着独特的思维方式。语文课不仅要让学生明白寓言故事的道理，更要让学生了解寓言故事表达道理的语言形式。江苏省新生代名师吴江盛泽实验小学沈玉芬老师、海口景山学校海甸分校毛立业老师在教学中对"相争"这一部分不约而同浓墨重彩，在灵动的朗读中还原角色，在流水无痕的词语教学中内化言语，在轻松有趣的想象情境对话中明白寓意。

沈玉芬老师教学片断

师：鹬和蚌是怎么相争的呢？我们一起来体验一下，注意"威胁""毫不示弱"，说的时候配上怎样的动作？怎样的神情？想一想，再练一下。

（学生各自演练。）

（请一女生演读。）

师：这样的语气就叫威胁，掌声鼓励！你怕吗？好，你来。

（一生读蚌的话。）

师：她威胁你，你威胁她，这就叫毫不示弱。刚才这样的神情就叫得意扬扬，她对你的威胁一点也不在意，你怎么办？来，再斗再争。

（生再读。）

师：她要和你争到底，你怎么办呢？

（生再读。）

师：这样下去倒也不是个办法，我们别争了吧？

（生第三次读。）

师：它就是不肯罢休，你松不松？

（生第四次读。）

师：就是不松口，我们让不让？所有的一起来！

（生齐读。）

师：她不让步，我们让不让？再来！

（生齐读。）

师：她不饶你，我们认不认输？

（生齐读。）

师：她不认输，我们甘不甘心？

（生齐读。）

师：她不甘心，我们认不认错？

（生齐读。）

师：她不认错，我们要不要和解？

（生齐读。）

师：我们要不要争到底？争到现在，你们还能这么精神吗？来，再争。

（学生学老师有气无力地读。）

师：这样没完没了的争就叫"相持"。这样相持下去的后果是什么？

生：两败俱伤。

师：是啊，两败俱伤，同学们都知道这个结果，可是它们一意孤行，它们真傻，傻到连说的话都一样。（出示句子。）

（生齐读这两句话。）

师：聪明的同学们，你们能不能写上两句话，告诉它们以后怎样做鹬，怎样做蚌？你们可以这样写——

[出示：你这只傻鹬！你这只傻蚌！你们这对傻瓜！今天不_____，明天不_____，你（们）就会_____。]

（学生练写。）

师（提示）：把刚才说的词都用进去了，很好。还有同学说："难道你们把对方当成死敌，就没有想到你们有共同的敌人吗?"可以写出像这样富有智慧的话。

生：退一步就海阔天空。

生：以和为贵。

师：最后可以再加一句话_____得理不饶人那是高明，得理能饶人那是高尚。

毛立业老师教学片断

师：鹬和蚌是怎么争斗的呢？现在我们全班同学分成两组——"鹬鸟组"和"河蚌组"，来体验它们之间的争斗场面。

师：鹬是用什么语气说这番话的？

生：威胁。

师：大家想想故事里这只鹬鸟抓住了河蚌的什么弱点来威胁它？

生：河蚌的弱点就是喝不到水会干死在河滩上。

师：聪明！现在请全体"鹬鸟"来威胁"河蚌组"。

生（鹬鸟组）："你不松开壳儿，就等着瞧吧。今天不下雨，明天不下雨，没有了水，你就会干死在这河滩上!"（教师适时指导朗读的语气、语速和语调。）

师：多可怕的鹬鸟啊！河蚌，你们怕不怕？为什么？

生（河蚌组）：不怕。从"毫不示弱"看出来的，因为河蚌也知道鹬鸟的弱点。

师：鹬鸟的弱点是什么？

生：它被河蚌夹住了嘴，吃不到东西，过几天也会饿死。

师：鹬鸟有弱点，河蚌也有弱点，但双方争斗时都显得很强，一点也不软弱，这就是——

生：毫不示弱。

师：既然都不示弱，那鹬和蚌到底谁斗得过谁呢？大家思考，它们的争斗是不是一次就结束了呢？

生：不会，就像吵架一样，互不相让，肯定不止一次。

师：那我们两个组就来斗三次吧！第一次我们站着斗，注意加上你们的动作和表情。第二次我们坐着斗。第三次就要注意了，我们分析一下，它们争斗的声音是越来越高还是越来越低？

生：越来越低了。

师：为什么？

生：已经斗了两次，力气越来越小了。

师：从文章的哪个地方可以看出来？

生：从下文"正当双方筋疲力尽的时候"可以看出来。

师：那第三次我们就趴在桌子上斗。

（学生分组有感情地朗读鹬和蚌的对话。到第三次时，大部分同学已经不用再看屏幕和课本了，并且趴在了桌子上，声音低低的，一副有气无力的样子。）

师：争斗累了吧？这时可以用哪个词来形容鹬和蚌？

生：筋疲力尽。

师：鹬蚌相争的结果是鹬和蚌不相上下，难分胜负，最后白白便宜了谁？

生：渔夫。

师：望着鱼篓里的这两个家伙，渔夫心里会怎么想呢？

生：真是两个傻家伙。

生：今天太幸运了，没费力就抓到了一只大鹬鸟和一只肥肥的河蚌。

生：今天可以美餐一顿了。

师：此时，鹬、蚌在渔夫的篓子里，听到渔翁这么得意，它们又会怎么想呢？

（出示：那可怜的鹬和蚌，在渔夫的鱼篓里傻傻地看着外面的世界。鹬想："我真傻。"蚌想："我真傻。"）

（一）灵动朗读，各具匠心

小语名师贾志敏老师说："语文课要真实、朴实、扎实。"沈老师和毛老师的课都摒弃了烦琐复杂，发现文本中有教学价值的因素，设计简便有效的教学活动，选择了简约而不简单的教学内容，实现简简单单教语文、扎扎实实学语文的境界。在"争"这一环节中，他们都注重引导学生抓住重点词、句、段，反复朗读，调动学生的认知、想象和情感，细细揣摩、体味，不断深化对课文的认识。

沈老师根据文本特色确立朗读的指导方向，集中有限的时间和精力，让学生在语言的精妙处驻足鉴赏。朗读对话时，通过创设情境，引导学生想象相争时的表情、动作、心情，并用简洁、精准、有气势的点拨语（如"认不认输？""让不让步？""甘不甘心？""认不认错？"）带动了整个课堂的气氛，学生读得入情入境，脑海里有了鲜活的生动画面，朗读在不经意间变得"栩栩如生"了。

毛老师在"争"中的朗读指导，并未着眼于朗读的技巧，而是独具匠心地将鹬蚌之"争"设计成站、坐、趴三个层次的朗读，让学生进入"争"的情感体验之中，从而形成了课堂的高潮。可见，朗读的技巧指导与情感体验相比，情感体验始终居于首要位置，用情感去读，以情带声，以声传情，声情并茂。

（二）词语教学，流水无痕

在二、三学段阅读教学中，很多老师对最为基础的词语教学大为忽视。但在本课中，两位老师却十分重视引导学生利用朗读、联系上下文和结合生活积累等方法理解词语。教学过程流水无痕，效果却精彩纷呈、趣味盎然。

在教学"相持"这个词语时，沈老师是在学生反复朗读"争"的对话后，指出"这样没完没了，这就叫相持"。此时学生对"相持"的理解已不需要语言表达，已经了然于心了。沈老师接着追问："这样相持下去的后果是什么？"自然承接到下一个教学环节，顺理成章而不突兀。这样有效的读，不但让学生真正记住了这个词，还懂得了这个词语的感情色彩，明白了这个词语在什么情况下运用，拉近了学生与语言文字的距离，使学生对文字有了感情。

在教学"毫不示弱"时，毛老师先让学生根据自己的了解说说鹬和蚌各自的弱点是什么，但双方争斗时都显得很强势，一点也不软弱，这就是毫不示弱；然后指导学生想象人物的神态、语气，表演出毫不示弱的语气。"儿童是天生的演员。"学生在有效的表演中，通过形象的动作、神态，获得亲身体验，体悟抽象的词语含义。这较简单的"说教"或借助工具书理解词语会更无痕、更深刻、更灵动，而且在表演过程中，学生的心灵得到放飞，想象得到展现，创造力得到开发。更妙的是在潜移默化中对词语进行积累内化，这些自然都成为学生的语言"生长点"。

（三）情境体验，巧悟寓意

寓言教学的难点是理解寓意。在学生读懂故事内容后，如果直接发问"这则寓言故事说明了一个什么道理？"会给三年级学生的思维造成障碍，即使是在教师千牵万引下，获知了寓言道理，那也不能真正深入学生的内心。案例中的两位老师紧扣文本，创设想象性的对话情境，让学生化身为故事中人物，巧妙对话，轻松悟出寓意。这样创设情境，化难为易，切合儿童的思维特点，寓言道理的悟得自然而来，无雕饰、外加之嫌。

课结尾处，两位教师都不约而同地设计了一道想象练习题。尽管要求各不相同，但殊途同归，都是言意结合，让学生在学习语言文字运用的同时，深化寓意的理解。沈老师这样设计："聪明的同学，你们能不能写上两句话，告诉它们以后怎样做鹬，怎样做蚌？"在交流中，学生不仅用到了课文中学到的词语"毫不示弱""精疲力竭""相持"等词语，还创造性地添加了富有智慧的话语，放手让学生自主解读，言意交融，把鹬和蚌的教训真正内化为学生的认识，充分尊重学生对寓意的自主理解。毛老师课中鹬和蚌的最后告白，让学生扮演不同的角色，通过角色体验，移情内化，让学生明白寓意，学习语言文字的运用。

总之，尽管两位教师用了不同的方式引导学生去读"争"、析"争"、议"争"，但他们都站在工具性和人文性水乳相融的角度，从寓言这一文本特点展开。这样的寓言教学言意交融，焕发着勃勃生机！

（作者：江苏省张家港市后塍小学　曹林芳）

九、渲染，怎能不让我们感动

阅读教学是一种精神共鸣，正如雅斯贝尔斯所说的，是一个灵魂撼动另一个灵魂的过程。而精神的共鸣或者灵魂的撼动，需要一种"共振"效应，或者需要一个情感从"蓄积"到"引爆"的过程。这种过程就叫作"渲染"。

有人曾经形容王崧舟老师的课堂擅长"一唱三叹"，实际上也就是"渲染"。然而，在很多名师的课堂上，也存在着由学生"渲染"的现象。

我们先来看王崧舟老师的课堂，在《去年的树》中，他如此渲染："孩子们，读完这个故事的结尾，你可能会留心这样一个细节。在鸟儿唱歌之前和唱歌之后，她有一个看起来很简单很简单的动作，前后几乎完全一样的动作，你留心到这个细节了吗?""谁都知道，鸟儿为了这一刻历尽了千辛万苦，经历了那么长时间的等待，现在却只能'看'。静静地看，默默地看，就这样看着看着，她的眼前仿佛又一次出现了过去的画面。"如此等等。

而周益民老师则擅长利用学生"借势造势"，我们来看在他的课堂上孩子们的表现："我看到鸟儿湿漉漉的眼睛，眼睛里流露出焦急的目光。""我看到她那悲伤的目光。因为好朋友马上要变成灰烬了。""我看到的是鸟儿忧郁的目光。""我从鸟的眼睛中看到坚定的眼神，因为她跑了这么多地方，一定要找到好朋友。""我看到的是忧郁的眼神，绝望、痛苦，快要崩溃了。""她的眼神中也有欣慰，因为终于找到树了，她似乎看见了当初他们在一起时的情景。"如此等等。

无论是教师渲染还是学生渲染，课堂上除了呈现出一种思维和情感的浓烈氛围外，还让孩子们的学习情绪处于一种兴奋的状态。这，应该是每个人希望看到的。这对精心设计课堂教学的老师来说，也是可以做到的。

名师对对碰及一线教师品析

言意兼得与精神飞扬
——特级教师王崧舟、周益民《去年的树》教学片断赏析

《去年的树》是一篇童话精读课文，讲述了一个哀婉动人的故事：鸟儿和树是一对好朋友，她天天唱歌给树听，将要飞回南方的时候，她答应树的请求——回来再唱歌给他听。著名特级教师王崧舟和周益民在教学这篇课文时，都抓住了结尾鸟儿两个"看"的细节描写，紧扣"看"字进行设计。虽然方式不同，但异曲同工，同样飞溅出情感和智慧的浪花，演绎了诗意语文和智慧语文的精彩。

王崧舟：追求言意兼得

师：孩子们，读完这个故事的结尾，你可能会留心这样一个细节。在鸟儿唱歌之前和唱歌之后，她有一个看起来很简单很简单的动作，前后几乎完全一样的动作，你留心到这个细节了吗？这个细节就是——

生：她唱歌前盯着灯火看了一会儿，唱完歌也盯着灯火看了一会儿。

师：一个字，那就是——

生（轻轻齐读）：看。

师：谁都知道，鸟儿为了这一刻历尽了千辛万苦，经历了那么长时间的等待，现在却只能"看"。静静地看，默默地看，就这样看着，看着，她的眼前仿佛又一次出现了过去的画面。（舒缓而忧伤的背景音乐响起，屏幕上课件再次依次播放鸟儿给树唱歌的温馨画面。）

师：她想起了，当太阳露出笑脸的时候——

生（声音哽咽）：鸟儿站在树枝上给树唱歌。树呢，听着鸟儿唱。

师：她想起了，当月亮挂上树梢的时候——

生：鸟儿站在树枝上给树唱歌。树呢，听着鸟儿唱。

师：她想起了，当森林里的雪都融化了的时候——

生：鸟儿站在树枝上给树唱歌。树呢，听着鸟儿唱。

师：她想起了，当叶子在秋风中飘落的时候——

生：鸟儿站在树枝上给树唱歌。树呢，听着鸟儿唱。

师：是啊，走过风走过雨——

生：鸟儿站在树枝上给树唱歌。树呢，听着鸟儿唱。

师：越过春，越过夏——

生：鸟儿站在树枝上，给树唱歌。树呢，听着鸟儿唱。

师：可是这一切再也回不来了，她分明记得自己站在树枝上给树唱优美的歌。树呢？

生：听着鸟儿唱。

师：她分明记得自己站在树枝上，给树唱着快乐的歌。树呢？

生（含着泪）：听着鸟儿唱。

师：她分明还记得自己站在树枝上，给树唱着向日小情歌。树呢？

生：听着鸟儿唱。

师：她分明还记得自己站在树枝上，给树唱着晚安小夜曲。树呢？

生（声音哽咽）：听着鸟儿唱。

师：可是这一切再也回不来了，再也回不来了。留在鸟儿面前只有这样的画面——（大屏幕播放灯火的画面。）

师：她看啊看，她看到了什么？

生：看到了灯火。

师：是的，她还看到了什么？

生：看到了她的好朋友树。

师：是的，她看到了树，那已经是去年的树了。此时，她的心里有多少话想对好朋友树说呀！孩子们，拿起你的笔写一写鸟儿最想对树说的话，写一写她内心的真情告白。写的时候，请你用"树啊树"开头。

（学生在音乐声中练笔写话，教师指导巡视。）

（生朗读，小练笔。）

……

师：（板书：深厚）然而，谁都知道，故事并没有写鸟儿深情的话语，也没有写鸟儿怀念的话语，更没有写鸟儿责备的话语、不舍的话语。（边说边擦掉黑板上相应的词语）如此深厚的感情，在我们这个故事当中却不见一个字，不见一句话。出现在我们眼前的只有这样一个简简单单、平平常常的动作，那就是——

生（自由应答）：看。

……

在上面的片断中，学生已经通过朗读感悟到鸟和树的感情很深。那么，如何引领学生走进文本深处，体会约定、承诺，感悟海枯石烂也不移的深情厚谊呢？王老师抓住了结尾鸟儿两个"看"的细节描写，匠心独运，在极具感染力的音乐背景中，在声情并茂的渲染下，通过有感情朗读的引领，让学生沉浸在文本之中，徜徉在语言的海洋里，他们时而思考，时而想象，一步一步由浅至深，经历了一场惊心动魄而又哀怨缠绵的旅行。除了重视理解内容体会情感而得意之外，王老师更注重贯彻"语言文字的运用"这条主线，巧妙引导学生领会作者是怎样用语言文字来阐述内容、表达情感而得言的。本片段中，王老师积极创设情境，为孩子们提供运用语言文字的平台。在孩子们被鸟和树感动之余，不失时机地启发孩子拿起笔，用"树啊树"开头写一写鸟儿最想对树说的话，写一写她内心的真情告白。更高明的是，王老师让学生通过自己的习作和课文进行比较，领会文本语言表达的特点。一个个词郑重提出又轻松地擦去，全是为了让学生明晰地懂得有一个词叫"浅近"。同样，王老师的教学也让我读懂了"浅近"的真正内涵。

周益民：唱响精神之歌

师：如果你就是树根，你就是大门，你就是煤油灯旁的那个小女孩，看着飞来又飞去的鸟儿，你看着她，静静地看，你是否注意了她的眼睛？那是一双怎样的眼睛？那眼睛里又流露着怎样的目光？大家默读5至17节，想一想。

（生默读。）

生：我看到鸟儿湿漉漉的眼睛，眼睛里流露出焦急的目光。

生：我看到她那悲伤的目光。因为好朋友马上要变成灰烬了。

生：我看到的是鸟儿忧郁的目光。

生：我从鸟的眼睛中看到坚定的眼神，因为她跑了这么多地方，一定要找到好朋友。

生：我看到的是忧郁的眼神，绝望、痛苦，快要崩溃了。

生：她的眼神中也有欣慰，因为终于找到树了，她似乎看见了当初他们在一起时的情景。

师：请大家想着鸟儿的那双眼睛，男女生分角色读对话，把那种细腻丰富的情感表现出来。

师：请同学们轻轻地闭上眼睛。唱完了歌，鸟儿又对着灯火看了一会儿，就飞走了。鸟儿飞走了，可是在那不远处，她又悄悄地转过了头。这时你又看到一双怎样的眼睛？

生：她眼神中闪着恋恋不舍的情感。

生：我看到她的眼里出现了一棵高大的树，她快乐地笑了。

师：是的，树在她的眼中，在她的心里。

生：我看到她的眼中不再绝望了，树在对她微笑，说等冬天过去，还要听她唱歌。

生：小鸟的眼睛里充满幸福，她终于看到了树，已经心满意足了。

（有感情朗读最后三节。）

师：歌曲还是去年的歌曲，旋律还是去年的旋律，但是什么已经不一样了？

生：去年唱歌是快乐的，今年是悲伤的。

生：去年他们在一起唱歌玩耍，今年只有鸟儿一个了。

师：但是，不管怎么样，有一样东西没变，而且永远也不会变！

生：友谊。

生：感情。

师：对，有人说这就叫"永恒"，这就叫"天长地久"。我们再来朗读文中的对话。

（学生、教师分角色读。）

师：在文章的字里行间其实还闪烁着一双眼睛，还有一道目光，你们发现了吗？默读，体会。

生：我发现了，那是树的眼睛。目光是快乐的，因为鸟儿来看他了。

生：那是幸福的目光，因为他又听到鸟儿唱歌了，而且是在生命的最后一刻，死而无憾。

生：他心中十分温馨。虽然不能让鸟儿看到自己的真面目，但相信自己活在好朋友心中。

生：他的目光既温暖又幸福。鸟儿为找他历尽千辛万苦，他被朋友的感情打动了。

师：这双眼睛鸟儿一定感受到了，这双眼睛永远印在她的心里。这时候，他们用眼神在诉说什么呢？请同桌两人一起为鸟儿和树设计两句简短的心灵对话。

（同桌讨论设计。）

众所周知，眼睛是心灵的窗户，也是人的精神的窗口。周老师对本环节的教学设计是紧紧围绕"眼睛"展开的，以孩子的精神提升为鹄的。教师先设问：你看到鸟儿一双怎样的眼睛？学生从字里行间读出了小鸟幸福、依依不舍的眼神后，教师又顺势点拨，启发学生想象鸟飞到不远处又悄悄地转过头时看到的眼睛，在文章字里行间还闪烁着一双眼睛，教师这样的阅读思维引领直接指向学生的灵魂深处，在"大树"的眼里，学生读出了快乐和幸福。接着，周老师继续推波助澜，再次引领学生关注树的眼神，进行导写："它们在用眼神诉说什么呢？请为鸟儿和树设计心灵对话。"一切设计围绕"眼神"展开，围绕孩子精神的冶养展开，层层递进、深入，学生的情感被点燃，思想被唤醒，精神也获得了升华。

（作者：江苏省宝应县桃园小学　胡华杰）

十、共享，我们一起发现 ■

　　语文教学很多时候也是一种情感、思想共享的过程。教师一个智慧，学生一个智慧，教师一个情感，学生一个情感，大家自由表现，互相碰撞，课堂上自然会其乐融融。这类似于我们公司、企业在开会时经常采用的一种叫作"深度汇谈"的方式。所谓"深度汇谈"，就是大家互相承认，但观点又各自不同，每个人可以从别人的观点中获取对自己有益的成分，从而在更高的层次上达成共识。这种"深度汇谈"能够在课堂中营造一种民主和谐的氛围，乃至产生深度的"友谊"，使孩子敢于思考、敢于表达。在下面的案例中，薛法根老师在承认或者赞扬孩子们观点的同时也会提出自己的观点："这是一连串的动作，很会发现啊！再细致地体会一下，'咬、拔、扯、捆'这些动词，有什么特别的意味？""这些平常的动词，用在这里就不平常了，体现了一个铮铮铁汉的本色！"陆华山老师则这样实现"深度汇谈"："现在假如让你送一两个词语给黄晓文，你准备送什么？""说得太好了，也就是说我们要根据现场情况来确定重点写语言还是重点写动作。"

　　仔细品读两位名师的语言，他们总是不失时机地向学生表达着自己的观点，然而又是那样的自然、贴切、不着痕迹。其实，只要我们没有"一言堂"的教学观念，我们也能实现这种"深度汇谈"。

名师对对碰及一线教师品析

关注言语智慧　发挥　"例子"　功能
——薛法根、陆华山执教《大江保卫战》片断赏析

　　《大江保卫战》（苏教版五下）是一篇通讯报道，作者用饱蘸深情的笔墨真实地叙述了1998年人民子弟兵抗洪救灾的感人场景。文中第四自然段对连长黄晓文奋不顾身保大堤的细节描写让人读了荡气回肠。全国著名特级教师薛法根和全国教师素养大赛特等奖获得者陆华山在执教此课时，都关注到这段文字的独特言语智慧，精心安排教学板块，引领学生展开文本细读，帮助学生积累了写作技巧。

薛法根教学片断

　　师：同样是写保大堤，第四自然段与这一段有什么不同？仔细读读课文，用心发现一下。

　　生：第四自然段写的是黄晓文保大堤的情景，第二自然段是写一群人保大堤的情景。

　　师：既然已经写了整个群体保大堤的场面，为什么还要写一个人保大堤的情景呢？

　　生：从一个人身上看到所有的人都是这样的。

　　师：怎样的？用个词语形容一下。

　　生：铮铮铁汉的样子！

　　师：对啦！这种写法就叫点面结合。那么，写一个人与写一群人有什么不同呢？谁来读一读？

　　（生读第四自然段。）

　　生：是抓住黄晓文受伤后的动作来写的。特别是"一咬牙，猛地把铁钉一拔，一股鲜血涌了出来。黄晓文随即从身上扯下一绺布条，三下两下把脚捆了个结实，二话没说，转身扛起地上的麻包，又爬上了大堤"这几个句子，

很感人，那种奋不顾身的精神写出来了。

师：这是一连串的动作，很会发现啊！再细致地体会一下，"咬、拔、扯、捆"这些动词，有什么特别的意味？

生："咬牙"是在很痛的时候，强忍着痛才咬牙。

生："捆"是说黄晓文一点都不在乎自己的伤痛。我们都是要到医院里包扎的，可是他就随便捆一下，又上堤坝了。

师：这些平常的动词，用在这里就不平常了，体现了一个铮铮铁汉的本色！

生：我发现"三下两下"是说黄晓文根本不把伤痛放在眼里。不像我们，一点皮擦破了，都要大声叫喊，还要到医院去消毒，挂盐水什么的。所以说，他很英雄！（众笑）

师：你将黄晓文与一般人进行对比，一比就能真切地体会到他的英勇与顽强，这种体会方法很好！读书就是要把自己带进课文中去，这样才会有真情实感！这里一连串的动作表现，干脆、利落，刚劲、有力，细腻感人，以一个英雄的形象衬托整个群体的英勇。从这一个铮铮铁汉身上，我们可以想象到有无数这样的铮铮铁汉奋战在堤坝上。（在"奋不顾身保大堤"前板书：铮铮铁汉）注意这些动作细节，好好体会一下，再读一读。

陆华山教学片断

师：现在假如让你送一两个词语给黄晓文，你准备送什么？

生：坚忍不拔、舍己为人、奋不顾身、全然不顾、铮铮铁汉。

师：可是这些词语第四自然段里有吗？

生：没有。

师：没有这些词，你们是怎么知道的？

生：我是从他的这些动作看出来的，咬牙、拔、扯、捆、转身、扛、爬……

师：是呀，他的形象之所以让我们感受真切，就是因为作者抓住了黄晓文的关键之处——一系列的动作。如果没有这些细节，黄晓文的英雄形象怎么可能出现在我们面前？不过，老师有一个疑问，平时我们写人物会写到动作、语言、神态，为什么这里写这么多黄晓文的动作，却只写了黄晓文说的一句话？

生：因为他正在跟洪水做斗争，如果他说那么多的话就会浪费时间。

生：因为无声的动作胜过一切语言。

师：说得太好了，也就是说我们要根据现场情况来确定重点写语言还是重点写动作。

师：再看看，第四自然段写保大堤，第二自然段也写保大堤，有什么不同吗？

生：第二自然段写的是全体人民子弟兵的英勇表现，第四自然段写的是这几十万解放军中的一个典型。

师：刚才他说的一个词大家特需要听，哪个词？

生：典型。

师：（板书：整体、个体或典型）你们平时肯定听老师讲过这个写法，先整体再个体。需要记下来吗？

（生记录。）

"教材无非是个例子"，对于语文教师来说，叶老的这句话耳熟能详。然而在平日的教学中，我们很多老师却苦于找不到准确的点，充分发挥出教材的"例子"作用，要么眉毛胡子一把抓，要么蜻蜓点水一带而过，最终导致学生一课学完仍是模模糊糊一大片，几年下来言语水平也进展不快。例如某些高年级学生的作文中极其缺少细节描写，读起来干巴巴的，毫无韵味。这让我们不得不反思，在阅读教学中如何发挥出"例子"的功能来促进习作教学？

《义务教育语文课程标准》（2011 年版）早已提出，"语文课程致力于培养学生的语言文字运用能力"。特级教师王崧舟也说过，语文的本体是什么？显然不是语言文字所承载的内容，即"写的什么"，而是用什么样的语言形式来承载这些内容，即"怎么写的"。在以上案例中，两位名师都没有停留在对文本内容的理解与感悟上，而是凭借文本的内容引导学生去揣摩独特语言现象中所蕴含的语言的表达方法和文章的结构特点，让课堂成为从学生视角出发的"学场"，最终切入到学生语言的最近发展区，殊途同归——学生不仅感悟到人民子弟兵"铮铮铁汉"的高大形象，还习得了点面结合、塑造典型人物的方法。不同的是，案例一中的学生得益于薛老师的一次次追问："同样是写保大堤，第四自然段与这一段有什么不同?""既然已经写了整个群体保大堤的场面，为什么还要写一个人保大堤的情景呢?""写一个人与写一群人有什么不同呢?""再细致地体会一下，'咬、拔、扯、捆'这些动词，有什么特别的意味?"等等。薛老师顺应学生的思维，用几个问题为学生搭建细读文本的平台，把学生的思维逐步引向深处，自主发现语言现象中隐藏的智慧，从而品读出一连串动词在文中的特殊意味。而案例二中的学生得益于陆老师的巧妙点拨："可是这些词语第四自然段里有吗?""没有这些词，你们是怎么知道的?""为什么这里写这么多黄晓文的动作，却只写了黄晓文说的一句话?"等等。"人乎其内，出乎其外"，陆老师将学生的阅读视角自然地牵引到"为什么这样写"的层面上来，引导学生去关注言语表达形式，让阅读教学指向写作。

"教材无非是个例子"，但与其他例子不重复才能称其为"例子"。只有着力发掘课文的"例子"功能，引导学生把注意力放到体察、领悟"例子"的个性特征上来，吸纳"例子"的点睛之笔，学习遣词造句、谋篇布局，才能让学生走上语言发展的快车道。

（作者：江苏省扬州市邗江区美琪学校　徐　丽）

十一、合作，我说你做

从哲学层面讲，教学是一种需要合作的活动，语文教学更是如此。在课堂上，师生之间合作完成一个教学环节，会使师生之间产生一种"人与人"之间的友谊。这种友谊不仅会产生知识，而且会使学习更加轻松，课堂氛围将打动着在场的每一个人（包括听课的老师）。我们看下面的案例。张祖庆老师这样创造合作："同学们，心中有花，你的声音中才会有花；心中有鸟，你的声音中才会飞出鸟来。咱们一起读，花开了——""因为萧红是自由的，所以她眼中的风景也是自由的。这一遍，张老师读'就'前面的内容，你们读'就'后面的内容。"（师生合作读，强调"就"字。）虞大明老师这样跟学生合作："看了这段文字，你一定情不自禁地想说——""透过这段文字，萧红她一定在诉说——""学到这儿，你们一定明白了，这份快乐的源头就是——"蒋军晶老师的合作是这样的："为什么我们可以这么快把这段话大致背下来呢？""里面的句子是反复的，比较好记。""是啊，特别的写法往往蕴含了特别的情感，萧红反反复复写，我们反反复复地读就能把它背下来。请你再来读这段内容有些'重复'的话……"我们可以看到，这样的合作一般都会很成功。

名师对对碰及一线教师品析 1

用 "语文" 的眼睛看风景
——张祖庆、虞大明、蒋军晶执教《祖父的园子》片断赏析

《祖父的园子》是人教版五年级下册的一篇略读课文。文中的语言平实、

朴素，读起来却洒脱、灵动，字里行间跳跃着的"自由"将一个孩子童年时代的浪漫情怀展露得淋漓尽致。透过萧红纯真无瑕的眼，你可以看到一片无拘无束的景（即课文的第 17 段）。在这片景里，花是自由的，鸟是自由的，虫子是自由的，人也是自由的。新生代三位名师——张祖庆、虞大明、蒋军晶都不约而同地选择这段进行浓墨重彩——或用朗读来表现它，或用比较来拥抱它，或用背诵来珍藏它。

张祖庆教学片断——用灵动的朗读表现"语文"

师：同学们，课文的第 17 段最值得我们好好研究。请同学们通过朗读的方式体会体会。

（学生自由读。）

师：哪位同学愿意来尝试一下，带着大家走进这个园子？

（指一生读。）

师：同学们，心中有花，你的声音中才会有花；心中有鸟，你的声音中才会飞出鸟来。咱们一起读。花开了——

（生接读。）

师：听你们读得这么有滋有味，老师也想读，听张老师的朗读，你们要特别关注和同学的朗读有什么不一样。

（师拖长声音范读。）

师：说说看，你仿佛看到了什么？感觉到了什么？

（生自由想象。）

师：同学们，其实，张老师刚才读啊，适当地运用了拖音，是不是？我们也来试试看。

（指一生读。）

（出示有破折号的句子：花开——了，就像睡醒——了似的。鸟飞——了，就像鸟在天上——逛——似的。）

师：读着读着，你发现这段话中，哪一个字出现的频率最高？

生：就。

师："就"出现了 11 次。你觉得这是作者不经意间写的，还是特意这么写的？

生：特意。

师：她为什么特意这么写，你们来猜猜看？

（生自由猜测。）

师：因为萧红是自由的，所以她眼中的风景也是自由的。这一遍，张老师读"就"前面的内容，你们读"就"后面的内容。

（师生合作读，强调"就"字。）

师：你们看，这就是萧红文字的魅力，一个"就"字反反复复地运用就能让我们读起来特别带劲。

课文的第 17 段巧妙地运用了拟人、排比等修辞手法，语言整齐而不失灵性。对这样的语言特色，张老师把握得极其精准。在一遍又一遍体验式朗读中，学生感受到了萧红文字的独特魅力，嗅到了萧红文字的"阳光味道"。张老师对拖音的灵活处理使得范读别有韵味，这一读激活了学生对朗读节奏的自主性把握。在倾听、吐露与朗读中，萧红与学生走得越来越近，萧红的自由也深深地感染了他们。在指导学生朗读时，张老师还特别抓住了"就"字细细考究，最大限度地彰显了这一独特表达的魅力。在学生富有情感温度的朗读中，一个个"就"被读活了，读立体了，读丰满了！

虞大明教学片断——用巧妙的对比拥抱"语文"

师：课文的第 17 段也能让我们感受到园子是自由的。在这段话里面有一个句式反复出现，哪个句式？

生：想怎么样就怎么样。

师：关于倭瓜，关于玉米，虞老师也写了这样一段话，请看。（出示老师下水文：倭瓜长蔓了，沿着花架往上攀，一直爬到了房顶，再挂下来，随风摇摆，甚是婀娜。黄瓜也开花了，这儿一朵，那儿一朵，怎么开，都很美，她们仰着黄色的小脸，向着和风点头。一群群蝴蝶在花间翩翩起舞，分享着这场花的盛宴。玉米苗也伸展着腰肢，向着天空微笑。一切都是美的！）看了这段文字，你一定情不自禁地想说——

生：好美啊！

师：你看，同样是描写景物，但是写法不同，我们的感受也不同。从这段话里面，我们读出了景物的美；而萧红的这段文字，却让我们感受到园子的——

生：自由。

师："一切景语皆情语"，作者难道仅仅在倾诉景物的自由吗？它实际上是在表达——

生：自己的自由。

师：萧红借景物的自由来表达她自由的心境。这样的写法就叫作——

生：借景抒情。

师：透过这段文字，萧红她一定在诉说——

（生在配乐中补读。）

[课件出示：我愿意（摘黄瓜），就（　）；我愿意（捉蚂蚱），就（　）；我愿意（　），就（　）。]

师：这样的事列举得完吗？

生：举不完。

师：所以我们可以用这样的话来概述：在这样的园子里，我——

生：想做什么，就做什么；想怎么样，就怎么样。

师：学到这儿，你们一定明白了，这份快乐的源头就是——

生：自由。

如果说张老师是通过朗读来聆听萧红流溢全身的自由的话，那虞老师则将他敏感的语文触角伸向了作者独特的写法，让学生高屋建瓴地感受、理解和拥抱语言。在祖父的园子里，树、花、菜、庄稼、蝴蝶、蜻蜓、蚂蚱，一切都是欣欣然的，充满了生命的气息。作者质朴的语言彰显了童年时那份独一无二的自由。如果换一种写法呢？你又会有什么不一样的感受？虞老师大胆创新地引入了自己写的下水文。一读，一比较，两种不同的心境马上清晰明了。要表达美的心情，就用美的语言；要表达自由的心情，就用自由的语言。这一对比，在悄然无声中提示学生——"离开写作目的，文字则无好坏之分"。这一写作观念的渗透，使学生沉潜于萧红文字的内部细细涵咏一字一词的独特生命力。

蒋军晶教学片断——用熟稔的背诵珍藏"语文"

师：这段话很特别，如果你掌握它的特点了，读几遍，就可以把它背下来。

（生自由读。读完后，师检查背诵。）

师：为什么我们可以这么快把这段话大致背下来呢？

生：里面的句子是反复的，比较好记。

师：是啊，特别的写法往往蕴含了特别的情感。萧红反反复复写，我们反反复复地读就能把它背下来。请你再来读这段内容有些"重复"的话，你有什么感受？

生：我觉得园子里的一切都很自由，很开心。

生：我觉得一切都是无忧无虑的，想到哪儿就到哪儿，想干什么就干什么。

师：是啊，这就是特别的写法有特别的心情。读着读着，我们自然而然就感觉到园子里的一切是那样自由、快乐、温暖。

在这则片断中，蒋老师在读上也下了许多功夫，但最具匠心的还属那一"背"了。教师看似不经意的一句——"这段话很特别，如果你掌握它的特点了，读几遍，就可以把它背下来"无声地唤醒了学生内在的语文意识。在背诵的过程中，属于萧红文字的独特味道就被慢慢地"熬"出来了。而后，学生那有滋有味的朗读也有力地说明了蒋老师"先背后学"的实践是高明的。

从上述三则教学片断来看，新生代三位名师尽管用不同的教学方法解读园中自由的景物，但他们都是站在"语文"的角度看风景，迎面扑来的则是浓浓的"语文味儿"！

（作者：浙江省湖州市吴兴区爱山小学青阳校区　姚惠平）

名师对对碰及一线教师品析 *2*

"祖父" 的课堂
——特级教师于永正、张祖庆执教《祖父的园子》一课赏析

《祖父的园子》是人教版五下第二单元的一篇略读课文，节选自萧红的《呼兰河传》。全文语言轻快灵动，将这个给"我"带来无穷乐趣的园子和那个点亮"我"一生的祖父渲染成一幅色彩明丽富有童话色彩的画。就是这样一个《祖父的园子》，吸引了两位年龄上堪称祖父和父亲的特级教师，也成就了精彩的"祖父"的课堂。

（一）读文：示范引领 VS 合作引读

诗一般的文字，怎么可能少了读？两堂课，读贯穿始终，朗读、默读、跳读、边做旁批边读……读着读着，便走进了《祖父的园子》，读着读着，便走近了和蔼的祖父。

于永正老师读文片段

师：你说锄草这一段写得很有趣。是的，这一段的确有趣。你们推荐一位学生来读，读出那个有趣来。

（一女生读，比较动情。）

师：果然很不错，可惜你的表情我不满意。听老师读，注意看我的表情。

（于老师声情并茂地范读，模拟童声，很有感染力。）

师：好，开始练！看谁练得好，看谁练得投入，等会儿我们比一比。

（生练读，和于老师比赛读，非常投入。）

于老师曾撰文《看老师读》："老师只有有表情地朗读，才能充分地表达出课文的思想感情；学生也只有看老师读——耳听老师读的声音，眼观老师读的表情和形体动作，才能充分获取老师所传出的信息，深刻地感知课文。"

在这里，于老师将文字化成了行动，学生读得不到位，没关系，先看我

读，你再练，我们再比一比。就像一个和蔼可亲的祖父，面对着一群天真烂漫的孩子，声情并茂，循循善诱。

张祖庆老师读文片段

师：张老师邀请你们一起合作读，好不好？

生：好。

师：虫子叫了——

生：就像虫子在说话似的。

师：注意，我速度快，你们也要快；我慢，你们也可以跟着慢。当然，你们也可以故意反着来。好不好？

师（加快语速）：虫子叫了——

生（加快语速）：就像虫子在说话似的。

师（更快速）：一切都活了——

生（便快速）：要做什么，就做什么。

师（快速）：要怎么样——

生（快速接）：就怎么样，都是自由的。

师（快速）：倭瓜愿意爬上架——

生（快速接）：就爬上架。

师（快速）：愿意爬上房——

生（快速接）：就爬上房。

（以下依次为黄瓜、玉米等，变化语调读，略。）

和学生合作着读，不仅读出了语言的节奏与韵律，更读出了语言的内涵，巧妙的引领胜过千言万语。

一起读完这一部分的时候，现场的气氛一片融洽，孩子们很开心地看着张老师，张老师也微笑着看着孩子们，像极了一起欣赏完极致风景的父子，彼此会心一笑，一切便心有灵犀了！

（二）悟情：尊重个性 VS 点拨提升

《祖父的园子》情真意切，两位老师是怎样领着学生感悟文本的情感的呢？

于永正老师教学片段

师：同学们再走进课文，默读全文。这次用心去看，在这些物、人和事之间看到了什么？

生：我看到了一个生机勃勃的园子。

生：我看到了作者的天真和活泼。

生：我看到了作者的幸福。

生：我看到了作者的调皮和有趣

……

（于老师让学生把感受写到黑板上。）

于老师把课堂真正交回到学生的手中，他尊重每一个孩子的个性化阅读体验，让他们把自己的感受写到了黑板上。这种"听你说"的亲切平和，恰似一个祖父端坐在阳光下，看着一群孩子围着他，叽叽喳喳地告诉他："我今天看了本书，里面可好玩了，有……""我喜欢……因为……"于是，就在这份亲切与平和中，园子离学生近了，祖父离学生近了，那份美好的情感也渐渐走近了。

张祖庆老师教学片段

（师生合作读课文。）

师：你发现这段话中，哪一个字出现的频率最高？

生："就"字。

师：数一数，出现了几次？

生：11 次。

师：你觉得这是作者不经意间写的，还是特意这么写的？

生：特意。

师：她为什么特意这么写？你们来猜猜看。

生：我觉得是为了强调这些事物是自由的。

师：为什么用上这个"就"就自由了，不用上这个"就"就不自由了呢？

生：如果用上"就"就说明是它自愿的，没有人来强迫它。

师：如果不用上"就"就是强迫了。比如"愿意结一个瓜，结一个瓜"，很不情愿的，你叫我结一个瓜，我结一个瓜。（生笑）好，我们来读读看，张老师读"就"前面的内容，你们读"就"后面的内容。

（师生合作读，学生强调"就"字，读得很有味道。）

师：你看，这就是萧红文字的魅力，她反反复复地用这个"就"字，用反反复复差不多的句式来写，读起来就特别带劲。（指板书）刚才，我们说这园子里的一切都是自由的，你觉得这园子里自由的事物仅仅只有这一些吗？

生：不是。

师：还有很多很多，是不是？我们能不能仿照着，选一句话来写。拿出作业纸，想一想，这书上写到的园子里哪些事物，它们是自由的；书上没写到的，也是自由的。选一句，写出它们像人一样的自由。

[课件出示：（　　　）了，就像（　　　）似的。（　　　）愿意（　　　）就（　　　）。]

为了让学生感悟园子中一切的自由自在，张老师紧紧抓住了一个"就"字，抓住了文中反反复复差不多的句式，让学生在和自己一起读的情感体悟基础上进行思考：为什么用上这个"就"就自由，没用上这个"就"就不自由？并在学生感悟情感的基础上，让学生学着练说，将"自由"引向一个更深更广的领域。恰似父亲对孩子的引领，尊重孩子自己的发现，又不就此止步，而是引领着他走得更远，看更美丽的风景。

回望"祖父"的课堂，我们不难发现，同是《祖父的园子》，于永正老师的课堂扎实有趣，注重示范引领，如：准确道劲的生字范写、声情并茂的朗读引领、趣味横生的范文创作等，那满头的银丝，那亲和的笑容，那童趣的语言……活脱脱一个老顽童祖父！张祖庆老师的课堂则简约灵动，有厚度，有张力，注重情境中点拨，讲究水到渠成，如：合作读创情境，抓"就"字点拨"自由"，配乐诵读"太阳在园子里是特别大的"片段，感受萧红文字中"太阳"的意象等，那广博的学识，那睿智的语言，那高远的情怀，恰似一个慈父！

　　一个如祖父般和蔼亲切，一个如父亲般睿智博学，不同的课堂，演绎了同样的语文精彩！

（作者：浙江省衢州市柯城区鹿鸣小学　邱慧芬）

十二、化育，老师真诚地告诉你

　　什么样的语言最打动人？当然是诗意的语言。教育的本质其实是"以化成天下"。概念性语言、逻辑性语言太"骨感"，孩子们会"难以下咽"。诗意的语言能够激起一种情感的共鸣，孩子们在激动中不知不觉接受了教育，接受了知识。于永正和薛法根老师是这方面的高手。

　　于永正老师说："今后写作文，不但要写人，更要写景，有了景物的衬托就更加感人。""多朗读，不仅课文要朗读，课外书的精彩之处也要朗读，因为朗读可以走进人物的内心深处。""爸爸对妈妈的关爱可以浓缩为两个词：没有，也没有。爸爸关爱着妈妈，没有吃，也没有喝。爸爸妈妈之间的关爱就是通过这些平平常常的小事体现出来的。"薛法根老师说："景蕴含着情，这样景物的语言就是感情的语言。""如果你从景语当中读到了情语，那么你就读懂了。记住这样一句话：一切景语皆情语。""我们要从景当中体会到情。"

　　这实际上就是"教授"，但原本概念性的语言，经过两位名师的口，听起来是那么舒服。这，你也可以做到！

名师对对碰及一线教师品析

追寻表达实效　徜徉人文意蕴
——于永正、薛法根执教《爱如茉莉》片断赏析

　　《爱如茉莉》这篇文章用清新、朴实的语言记叙了妈妈生病住院，爸爸去医院照顾这件小事，告诉我们真爱就如茉莉般平淡无奇却芬芳怡人。文章事

小情真，感人至深。而如何在教学中有效地落实人文性和工具性，甚至把这两者有机地融为一体，特级教师于永正和薛法根在教学《爱如茉莉》这篇文章时，既体现了工具性的落实与训练，也散发出人文性的淡淡的幽香。

（一）关注表达形式，体现工具性的丝丝效用

于永正老师教学片断

师：同学们，每一篇文章都在告诉我们怎么写作文，看后面的文字，作者写阳光都被感动了，写阳光的目的是什么呢？

生：衬托出爸爸妈妈之间的感情。

师：写景是为了衬托，真了不起！今后写作文，不但要写人，更要写景，有了景物的衬托就更加感人。谁来读读妈妈对女儿说的话？

生："映儿，来，帮我……"

师：读出了病人内心的激动，谁再来读读？

生："映儿，来，帮我……"

师：多高兴，内心多激动啊！多朗读，不仅课文要朗读，课外书的精彩之处也要朗读，因为朗读可以走进人物的内心深处。

薛法根老师教学片断

生：老师，我有一个问题，文章里"初升的阳光从窗外悄悄地探了进来，轻轻柔柔地笼罩着他们。一切都是那么静谧美好，一切都浸润在生命的芬芳与光泽里。"这两句并没有写妈妈对爸爸的爱或者爸爸对妈妈的爱，为什么还要加进去呢？

师：对啊，这句话，写的是景物，写的是阳光，没有写父母之间的爱，没有写如茉莉一样的爱。为什么要写在这儿？先体会一下。这里有一个特别的字。（板书：探）这个"探"字，你能体会到什么？

生：我能体会到阳光有生命、有感情。

师：阳光就像人一样，这是一种什么样的写法？

生：拟人的写法。

师：对呀，把阳光当作人一样。这时候的阳光，你体会到什么了？

生：我知道连阳光也不忍心惊醒爸爸和妈妈。

师：对啊，阳光有了人一样的感情，所以这时候的景物描写就有了什么？感情啊。（师板书：景、情）景蕴含着情，这样景物的语言就是感情的语言。（师分别在"景"和"情"后板书：语）如果你从景语当中读到了情语，那么你就读懂了。记住这样一句话：一切景语皆情语。（板书）

师：我们要从景当中体会到情。你写文章的时候，借着景来抒发感情，这叫借景抒情。好，我们读一读第九自然段，我请一个同学来读。这静谧美好的一幕，看看谁能读出来。

（一生读。）

师：读得好吗？喜欢读这一段吗？轻轻柔柔地读出静谧美好的画面，把这一段文字和感情留驻在自己的心里。拿起课本一起读这一段。

于老师和薛老师在这个教学环节中都关注了文中看似无关紧要的环境描写，都不约而同地指向了文本的表达。只不过，于老师通过让学生品读文本感悟写景衬托的方法，再用通俗易懂的语言直接交代出这种写作方法的具体含义，以及写作中运用这种方法的好处，让学生不仅知晓如何读书，更明白怎样写文，并让学生通过朗读再深化和巩固这种文本表达形式。

薛老师则是通过引发质疑、扣关键词来展开教学，轻拢慢捻、步步深入，让学生通过感悟一个小小的"探"字去感受拟人的巧妙，去洞悉景中含情的韵味，去品析"景语"与"情语"的微妙，最后指向文本的表达，让学生在以后的写作中对借景抒情这种方法加以实践和运用，使语文课堂工具性得以有效落实。

（二）探求主题内涵，散发人文性的屡屡幽香

于永正老师教学片断

师：书读到这里，我要问个问题：文中为什么要把爸爸妈妈之间的相互关爱说成是"爱如茉莉"呢？默读全文，先研究茉莉有哪些特点，再研究爸爸妈妈之间的关爱又是什么特点，两者一比较，答案就出来了。边读边把所有写茉莉的词语标上记号，找出关键词。

（生默读并思考。）

……

师：总体看平淡无奇，但它洁白纯净，散发缕缕清香。看黑板，这就是茉莉花的特点。再一次走进文本，把爸爸妈妈之间相互关爱的句子做上记号。

（生默读并做记号。）

师：按照顺序来说。

生："映儿，本来今天我是要包饺子给你爸吃，看来现在是不行了……"

师：妈妈虽然得了重病住进了医院，但是却没忘记对爸爸的承诺，这是妈妈想着爸爸，对爸爸的关爱就是这一句一句最平常的话。爸爸呢？

生："然而爸爸并没有吃我买的饺子……"

师：爸爸对妈妈的关爱可以浓缩为两个词：没有，也没有。爸爸关爱着妈妈，没有吃，也没有喝。爸爸妈妈之间的关爱就是通过这些平平常常的小事体现出来的。往下读，还有哪些句子体现爸爸妈妈之间的关爱？

生："一天清晨，我按照爸爸的叮嘱……"

师：这是最感动人的一幕啊！爸爸睡在妈妈的病床跟前，就是为了照顾妈妈。爸爸对妈妈的关心就是一个"卧"，一个"伏"，就是这样一个平平常常的动作。妈妈睡着了吗？

生："映儿，来，帮我揉揉胳膊和腿……我怕惊动他不敢动，手脚都麻木了。"

师：妈妈想着爸爸，爸爸想着妈妈；爸爸关心妈妈，妈妈关心爸爸，他们之间的相互关爱是悄然无声的。当我们学习了茉莉花的特点和爸爸妈妈之间的相互关爱，两相对比，答案就有了。想一想，为什么爸爸妈妈之间的相互关爱就像茉莉花那样？回答问题时思考是先说茉莉花还是先说爸爸妈妈，这两者怎么联系起来，先说哪一个最好。看着板书自己练一练。

（生练习说。）

师：你先说，看着板书说，第一句话一定要说好，应先说什么？（先说茉莉花）

（生试着说。）

师：再说一说，比刚才有进步，谁再来说一说？

（指名发言。）

师：因为茉莉花平淡无奇，爸爸妈妈之间的关爱也是平淡无奇的。茉莉花平淡却散发着缕缕幽香，爸爸妈妈之间的关系平淡却感动着每一个人。

薛法根老师教学片断

师：好的，各位的体会很多，我们不再交流了。看课文的结尾写了这么一句话，读。

生（齐读）："哦，爱如茉莉，爱如茉莉！"

……

师："爱如茉莉"为什么用两个呢？一个不就够了吗？来谈谈。

生：一个是妈妈的茉莉，一个是爸爸的茉莉。（众笑）

师：是双方的所以用两个？如果我爱爸爸妈妈，还有第三个：爱如茉莉，爱如茉莉，爱如茉莉。很有意思！

生：因为他把这个词在心里细细品味。

师：在心里品味、品味，久久地回荡。非常好，这是一种理解。

生：我觉得小作者非常高兴明白了"爱如茉莉"什么意思。

师：高兴？小孩子高兴的时候，我胜利了，胜利了！用两次是不是啊？表达感情对不对？这是你的一种理解。

生：我觉得第一个是令人感叹，第二个是让人回味。

师：说得好啊！"爱如茉莉，爱如茉莉！"（师有感情地读）好的，读出了两层含义。

生：我觉得第一个"爱如茉莉"说明了爸爸妈妈的爱是平淡的，第二个"爱如茉莉"能让我们久久体会那种平淡的爱。

师：从内容上来说，爸爸妈妈的爱是平淡的，后面确实是让我们去体会、去回味的，是吧？有道理！

生：我觉得作者是反复指出"爱如茉莉"才说两遍。

师：强调，用反复来强调"爱如茉莉"。

生：我觉得第一个"爱如茉莉"是说我开始不懂得，第二个"爱如茉莉"说经过一件事后明白了。

师：他经过这件事之后懂了，是不是啊？这里，我觉得它是一种回味，一种赞美，一种赞叹。人世间像茉莉一样的爱是珍贵的。

生：第一个"爱如茉莉"是强调爸爸妈妈的爱，第二个"爱如茉莉"是想告诉我们，虽然平时爸爸妈妈说的话是那么平平淡淡，但是它也可能像茉莉一样独自散发着芳香。

师：说得真好，那才叫作真爱无言。（师板书：真爱无言）真正的爱不需要说我爱你的，真正的爱是无私的爱，是化在生活的细节里面。所以课本上说："哦，爱如茉莉，爱如茉莉！"因为这样的爱是真爱，是平平淡淡的，是真真切切的。（板书：平平淡淡，真真切切）这就是这篇课文——《爱如茉莉》。

于老师借助吃饺子和睡病床这两件小事来让学生感悟映儿爸爸妈妈之间的真情，在引导学生感悟的过程中分别提取了"没有，也没有""卧，伏"这两组词，通过品读看似简单得不能再简单的这两组词触发学生体悟到茉莉花默默无闻的绽放与爸爸妈妈之间悄然无声的情是吻合的，茉莉花那缕缕清雅的幽香同爸爸妈妈心中平淡无奇的爱是共融的。于老师在引导学生细品淡淡的茉莉花香中得言，又在感悟浓浓的人与人之间的真情中得意，既感悟了文本内涵，又熏染了道德情操，让学生在人文意蕴中徜徉。

薛老师在探求爱如茉莉与爸爸妈妈爱的共同点时，不是直接告知和在文本中寻找求得，而是采用迂回的方法，通过探求文章最后"爱如茉莉"为何重复两次来间接阐明爱如茉莉与爸爸妈妈之间爱的微妙关系，由于教者对学生个性的充分尊重和有效引导，使得学生渐渐明白"一个是妈妈的茉莉，一个是爸爸的茉莉"，"爱如茉莉能让我们久久体会那种平淡的爱"，"爸爸妈妈说的话是那么平平淡淡，但是它也可能像茉莉一样独自散发着芳香"。让学生懂得作者使"爱如茉莉"重复两次的真正意图——寻找爱如茉莉与爸爸妈妈爱的连接点，让文本在感悟中得以延续，让心灵在想象中得以净化，让真爱在重复中得以永恒。

总之，两位老师都有着春风化雨般的独特教学艺术，一位是简明扼要，直抒胸臆，让学生习得；一位是细嚼慢品，层层深入，使学生感悟。两者教法不同，但各得其法；两者风格迥异，却也各具神韵。淡淡的茉莉花香与浓浓的文化意蕴在教与学中有机融合、同构共生，让学生从美妙的文本中熏染，在真爱的花香里徜徉。

（作者：江苏省宝应县开发区国际学校　李永顺）

十三、明示，你可以这样做……

　　阅读教学过程既然是一个交流的过程，那么双方真诚的态度是十分重要的，只有真诚，才能换来真诚。聪明的老师在课堂上一般会明确告诉孩子们应该怎么做，这样就获得了孩子们对教师的理解，也使自己的学习活动有了明确的努力方向。在这方面，支玉恒老师和窦桂梅老师做得非常好。在《再见了，亲人》这一课的教学中，如支老师这样明示孩子们："怎么做呢？不管我提的问题有多难，不管自己会不会，我都给老师做样子，站起来尝试。谁能？""不管我提什么问题，不管你能不能回答，我都给老师做样子，答错了也没关系。想好没有？""怎么读？这回要求就多了。""第一，抓住事实；第二呢，要抓情感。""三句话送给你自己，把手放在肩膀上，放松！送给自己：我很棒！""正如你们刚才所说，带着感情讲，带着回忆的深情讲，不是用嘴来讲，用你的心来讲，你讲的要能打动别人，感动别人。那怎么办？你自己通过你自学，这个事情当中用上了哪些事例？用上了哪些词句、哪些词语、哪些句式？"在这么明确的提示下，孩子们怎么能没有好的表现呢？这一点，我想每一个老师都可以做到！

名师对对碰及一线教师品析

异曲同工之妙
——支玉恒、窦桂梅《再见了，亲人》教学片断赏析

　　《再见了，亲人》是人教版五年级下册的一篇精读课文。该课文在众多名师的诠释下历久弥新，其中中朝人民血浓于水的深厚情谊，文章用典型事例来表现主题的写法，一直以来都是教学的重点和难点。支玉恒和窦桂梅两位老师在处理本

课时，虽然处理方式和侧重点不同，但是殊途同归，都烙上了鲜明的个人风格。

（一）课前热身如出一辙

或许是考虑到文本离学生生活太远，也许是因为教学中需要学生自主阅读，主动提出问题，支老师在课前设计了如下环节。

师：上课前你们有人说我很胆小，现在哪位同学给我做一个榜样？我不是胆小吗？不是害怕吗？哪个同学做一个胆大不怕的样子？怎么做呢？不管我提的问题有多难，不管自己会不会，我都给老师做样子，站起来尝试。谁能？我现在就要提问题了，谁能回答我的问题？举手，有没有？你们不是鼓励我吗？什么？不知道什么问题呀！不管我提什么问题，不管你能不能回答，我都给老师做样子，答错了也没关系。想好没有？

无独有偶，在窦老师的课上也有如下的谈话环节。

师：我看看谁……抬头挺胸，微笑着以身体向前倾的姿势看着前方。好！咱们刚见面，我呀，还想送个见面礼给大家。三句话送给你自己，把手放在肩膀上，放松！送给自己：我很棒！

生：我很棒！

师：没听见。我很棒！

生（满怀激情）：我很棒！

师：我真的很棒！

生：我真的很棒！

师：我真的真的很棒！

生：我真的真的很棒！

就这样，一下子拉近了老师与学生之间的距离，学生的激情被调动起来，课堂气氛活跃了许多。从后面的教学效果来看，学生很快融进了课文中，并且敢于提出自己的问题，说出自己的看法。

（二）讲述故事各有侧重

支老师在处理讲述典型事例这一内容时，重在通过一个故事的学习，通过学法指导，让学生通过朗读汇报表现对课文的理解。在这里，既有朗读的训练，也有概括能力的提升，还有学习方法的指导。

（学生纷纷举手。）

师：想跟我辩论是吗？但现在你还辩论不了。我希望你们好好做第二轮阅读。怎么读？这回要求就多了。要抓住什么来读呢？（板书：抓事实）第一，抓住事实，看看课文上写了什么事实——刚才你们大概地提到了——再仔细看看这些事实里蕴含了什么道理。你得理解它。（在"抓事实"后板书"——理解"）理解了以后，用自己的话给我讲道理，来说服我。（在"理解"后板书"——说服"）第二呢，要抓情感。（板书：抓情感）看看作者是以什么情感来写的，他表达了朝鲜人民和中国志愿军的什么感情。（在"抓情感"后板书"——体会"）抓住了情感以后，你自己去体会，并且要能有感情地读出来，来感动我。（在"体会"后板书"——感动"）就这样，用你的理解来说服我，这叫"晓之以理"；用你的体会来感动我，这叫"动之以情"。最后让我承认大家的看法，承认朝鲜人民和中国人民志愿军是亲人。

窦老师的关注点则是先提炼出人物，理出脉络，从重点词句的品悟中用自己的语言汇报学习成果。

师：可以。那就听你的，以回忆的方式。打开书，我们就来看看书。作为高年级的同学，我们来看这篇文章讲了几个人。

生：大娘、小金花、大嫂。

师：你想讲谁，你就讲谁。正如你们刚才所说，带着感情讲，带着回忆的深情讲，不是用嘴来讲，用你的心来讲，你讲的要能打动别人，感动别人。那怎么办？通过你自学，这个事情当中用上了哪些事例？用上了哪些词句、哪些词语、哪些句式？你在讲的时候又怎样把你的理解变成你的悟，把它讲出来。这是你的语文能力，你的语文水平。我相信待会儿你们在讲的时候一定能够慷慨陈词、侃侃而谈、落地有声，获得大家的掌声。能做到吗，我亲爱的同学们？我相信你们，我已经从你们的眼睛里看到了，因为你们真的真的很棒！

虽然各有侧重，但很明显地感觉到两位老师在具体操作中对朗读的重视，其中不乏朗读技法的传授。

（作者：孙道明）

十四、辨析，到底是什么

汉语文字的多义性，常常使读者在阅读时受到不同信息的干扰。而一般来讲，一个词语在一个文本中只有一个意思，这就需要辨析。从孩子们的学习心理来讲，他们也是喜欢辨析的，因为他们需要确定的意义，这会让他们的学习有一种成就感。在下面的课例中，两位老师都让孩子辨析辛弃疾词中"醉"的真正含义。温涛老师先出示众生醉态，最后出示稼轩另一首有"醉"的词，孩子们通过辨析，明确地理解了《清平乐·村居》中"醉"的意思；魏星老师则在课中通过投票的形式让孩子通过与其他词的辨析，理解了"醉"在课文中的作用，最后同样通过辛弃疾另一首含有"醉"的词让孩子们更加确定了《清平乐·村居》中"醉"的意思。这种辨析虽然需要教师深厚的文化底蕴，但其实只要围绕文本多读一些相关资料，还是能够在课堂上掌控"辨析"的局面的，常采用辨析，能够增强课堂的活跃感和艺术感。

名师对对碰及一线教师品析

怎一个 "醉" 字了得

——温涛、魏星《清平乐·村居》教学过程赏析

《清平乐·村居》是人教版五年级下册《古诗词三首》里的一首词，辛弃疾将偶然捕捉到的一个生活镜头定格下来。"茅檐低小，溪上青青草。"——一幅优美的田园图画。"醉里吴音相媚好，白发谁家翁媪？大儿锄豆溪东，中儿正织鸡笼。最喜小儿亡赖，溪头卧剥莲蓬。"——一家五口安居乐业的生活状态。这幅图画触动了作者的内心，他沉醉于这种悠闲宁静、美

好和谐的情境之中。一个"醉"字浓缩了作者的内心情感。

新生代名师温涛和老一辈名师魏星同课异构，围绕"醉"字建构课堂。温涛老师精雕细琢，读中品"醉"；魏星老师去尽繁华，议中品"醉"。异曲同工之妙，让听者醉在其中。

温涛老师教学过程

1. 看众生醉态，引出"醉"

（师出示诗句：

醉卧沙场君莫笑，古来征战几人回。——王翰《凉州词》

但使主人能醉客，不知何处是他乡。——李白《客中行》

今朝有酒今朝醉，明日愁来明日愁。——罗隐《自遣》）

师：这三句诗中有一个相同的字——"醉"，跟老师一起写"醉"。

（师板书，生书空。）

师："醉"左右结构，左边没酒了，只剩一个空酒瓶，右边是个"卒"。卒有两个意思，一是小兵，二是没了、死了的意思。"醉"可以理解为酒没了，只有一个空酒瓶，旁边躺着一个像死了的人。由这个字，你想到了哪些词语？

生：醉酒、醉鬼。

师：喝醉了酒，东倒西歪，胡言乱语，给人一种不美好的感觉。今天我们学的这首词《清平乐·村居》与"醉"有关，但是不是如醉酒那样不美好呢？大家可要认真品味。

（学生读通诗句，教师引领学生识字写字，理解字义。）

2. 入翁媪醉境，品析"醉"

在学生读通诗句想象画面的基础上，聚焦于"醉里吴音相媚好"，引导学生说说看到了什么，听到了什么。生生对话，师生对话。

师：老两口欣赏着窗外的美景，享受着儿子在身旁的乐趣，是酒醉了吗？

生：他们是被美好的生活陶醉了。

生：他们被美好的未来陶醉了。

师：带着陶醉的感觉，再读诗句感受。

（师配乐朗诵。）

师：静静地读，静静地想，诗中的文字幻化成了一幅幅图画，老两口不是酒醉而是心醉。

3. 品稼轩醉意，拓展"醉"

师：醉的不仅仅是翁媪，还有一个人——作者辛弃疾。辛弃疾为什么而醉呢？

生：为这家人的安宁的生活而陶醉。

师：翁媪醉在能安居乐业，辛弃疾醉在这一家人能够安居乐业。

（出示《破阵子·为陈同甫赋壮词以寄之》：

醉里挑灯看剑，梦回吹角连营。八百里分麾下炙，五十弦翻塞外声。沙场秋点兵。

马作的卢飞快，弓如霹雳弦惊。了却君王天下事，赢得生前身后名。可怜白发生！）

（播放激昂的扣人心弦的音乐，学生听音乐自由读，想象看到的画面，想象这首词与上首词的不同之处。）

生：我看到了战场上厮杀混乱的场面。上首词描写的是一种宁静和谐的图画，让人感觉到非常的悠闲清静。

师：辛弃疾是一位边塞军旅诗人，又是一位抗金将领。他一生主张抗金，以至于酒醉时还在想着战场杀敌的情形。但他一直得不到重用，长时间隐居，偶然看到了这么一幅村居图，有感而发，便创作了这首《清平乐·村居》。

师：再次看到"醉"，你们想到的是酩酊大醉吗？你想到的是什么？

生：上首词的"醉"是为老百姓的安居乐业而心醉，这首词的"醉"是一种忧国忧民的情感。

师："醉"体现的是辛弃疾的一种情怀，是忧国忧民的情怀，是心系天下的情怀。

温老师以"醉"建构课堂骨架，引导学生理解"醉"意，从语言文字入手，朗读品味，力透纸背，感悟到文字背后的意思，体会到诗人的情感。课堂伊始，出示诗句引领学生"看众生醉态，引出'醉'"，并引导学生扎扎实实识字、写字，给人一种"未成曲调先有情"的感觉。接着引导学生读通诗句，带领学生抓具体的字词句，多种形式反复朗读，在品读的基础上想象画面并用自己的语言叙述出来，师生共入"翁媪醉境"，感受村居的意境，感受翁媪的醉意。最后一个环节"品稼轩之醉意"，出示辛弃疾的《破阵子·为陈同甫赋壮词以寄之》，与《清平乐·村居》对比阅读，感悟到诗人的"醉"实质是一种忧国忧民的情怀。一首词带出另一首词，打开了古诗阅读的一个空间，将古诗阅读引向更深处。

魏星老师教学过程

师：这是一个怎样的村居呢？在理解和想象的过程中，有些词语和句子是不是有点不太懂？提出来讨论讨论。

生：我不太理解"醉里吴音相媚好，谁家白发翁媪？"

师："媚"是一个象形字，是由"女"和"眉"组成，看看它的字形演变。（出示字形演变过程）意思是以目媚人，指美好、喜爱的意思，在这里指喜欢的意思。"相媚"就是互相喜欢。

师：老两口喝着小酒，坐在窗前，说着柔柔软软的吴地方言，他们是如何相媚的呢？

生：他们在聊心里话。

生：他们在聊儿子。

师：怎么聊的？

（指导学生模仿两位老人聊天。）

生："老伴儿啊，瞧咱那小儿子，多可爱啊！""是啊，是啊！""儿子渐渐大了，咱们也该享享福了。""嗯，嗯！"……

师：这就是"醉里吴音相媚好"！

师：想象一下，辛弃疾也喝了点小酒，正沿着溪边散步，听到了吴音聊天，感受到了这一幅美好的景象。

师：还有哪些词语可以讨论？

生："最喜小儿亡赖，溪头卧剥莲蓬。"这句里的"亡赖"和"卧剥"。

（师指名读这句诗，学生自由读，齐读。）

师：我有一个发现，好多同学读着读着笑了。你们笑什么？

生：小儿很快乐，小儿天真无邪。

师：这就是童心、童真、童趣。谁来说说"亡赖"的意思？

生："亡赖"有两个意思，一个是指小混混，另一个是可爱的意思。在这里是可爱的意思。

师："亡"是个通假字，通"无"。小儿小，无农活可干，就卧在溪边剥莲蓬，显得可爱顽皮。

（指导读诗句，把心带进去读，要看到画面，轻轻柔柔地去读。）

师：这是一个怎样的村居呢？

生：这是一个悠闲、宁静的村居，是一个美丽、和谐的村居，是一个幸福、安康的村居，是一个和和睦睦、不受世事干扰的村居，是一个安居乐业的村居……

师：哪一个字直接传达了这种感情？小组讨论。

（学生分组讨论后分别将各组的讨论结果板书：媚、醉、好、平、清、乐、溪。）

师："清平乐"是一个词牌名，不能传递词的意思，板书"平、清、乐"的三个学生坐下去。

师：下面请小组代表谈谈你们小组为什么选这个字，然后大家给予投票。

生："媚"表达了一家人恩爱，能够表达全诗的感情。

（学生投票：8票。）

生："好"显出一家和和睦睦。

（师追问：一好在哪里？二好在哪里？三好在哪里？）

生：一好各干各的事，二好老人、孩子清清闲闲，三好……

生：当时战争不断，这一家人不受战争干扰。

（学生投票：17票。）

生："喜"是喜欢，小儿子顽皮可爱，表现出这一家生活平常快乐。

（学生投票：2票。）

生："溪"共出现三次，小溪水见证着他们平凡快乐的生活。

（学生投票：5票。）

生："醉"是享受的意思。老夫妇恩恩爱爱，享受着天伦之乐，他们沉醉在清闲的生活之中。

师：还有谁在醉？

生：作者也沉醉在这美景当中，陶醉在这普通平凡的生活当中。

（学生投票：26票。）

师：陶醉于村居的老夫妇、陶醉于村居的作者，我们也陶醉于作者笔下的村居。"醉"当选为最能传递诗人感情的一个词。辛弃疾最喜用"醉"。

（出示诗句：醉里挑灯看剑，梦回吹角连营。——《破阵子·为陈同甫赋壮词以寄之》）

师：从这个"醉"又看到了一个怎样的辛弃疾？（师介绍背景）从这个"醉"字我们看到了一个金戈铁马、驰骋沙场的辛弃疾，一个忧国忧民的爱国词人。他把心寄托于《村居》之中，把希望人们安居乐业的希望寄托于《村居》之中，再来读读和谐和美的《村居》。这个声音从900多年前传来，还要传下去。

魏星老师的课堂看似朴实无华，但却体现了"以生为本"的理念，依据学情，以学定教，顺学而教。一切问题由学生发现，一切结论由学生讨论形成。实现了从学生最近的起点出发，把学生引向最远的终点。

在理解诗意的过程中，老师只有一个问题："有哪些词语需要讨论？"学生提出了"醉里吴音相媚好""最喜小儿亡赖"两句里的词语。教师摸清了学情，根据学情生成对话——学生与文本的对话、与诗人的对话、与老师的对话，将学生带到了自主学习的高速路口。这是一个怎样的村居呢？学生的感悟是多姿多彩的。

在体会诗人情感的过程中，老师又抛出一个问题："哪一个字直接传达了作者的这种感情？"在小组讨论的基础上，让小组代表板书并陈述理由。老师找到了学生最佳生长点，通过问题激活。学生的发言精彩纷呈，思维碰撞、智慧共生，达到了个性化的阅读效果。

为了深化这种效果，拓展学生思维，给学生以更大的成长空间。老师补充了《破阵子·为陈同甫赋壮词以寄之》两句诗，让学生对于诗人喜欢用一两个词表达自己的情感有了更进一步的了解，将学生学习古诗的兴趣又延伸到更远处。

文本中，一个"醉"字，体现了翁媪沉醉于安静平凡的生活，凝聚着诗人希望百姓安居乐业的情怀；课堂上，一个"醉"字，折射出两位老师智慧的解读、灵动的设计，一个"醉"字，让听课的老师沉醉其间，回味无穷。这其中滋味，怎一个"醉"字了得？

　　　　　　　　　　　　　（作者：陕西省白水县教研室　刘　宁）